Karl Spühler (Hrsg.)

Die neue Schweizerische Zivilprozessordnung

D1689788

Karl Spühler (Hrsg.)

# Die neue Schweizerische Zivilprozessordnung

Mit Beiträgen von:
Annette Dolge
Sylvia Frei
Peter Karlen
Viktor Rüegg
Karl Spühler

**HELBING & LICHTENHAHN**
Basel · Genf · München
2003

Bibliographische Information Der Deutschen Bibliothek

Die Deutsche Bibliothek verzeichnet diese Publikation in der
Deutschen Nationalbibliographie; detaillierte bibliographische Daten
sind im Internet abrufbar: http://dnb.ddb.de

Dieses Werk ist weltweit urheberrechtlich geschützt. Das Recht, das Werk mittels
irgendeines Mediums (technisch, elektronisch und/oder digital) zu übertragen, zu
nutzen oder ab Datenbank sowie via Netzwerk zu kopieren und zu übertragen oder zu
speichern (downloading), liegt ausschliesslich beim Verlag. Jede Verwertung in den
genannten oder in anderen als den gesetzlich zugelassenen Fällen bedarf deshalb der vor-
herigen schriftlichen Einwilligung des Verlags.

ISBN 3-7190-2217-X
© 2003 by Helbing & Lichtenhahn Verlag, Basel
Umschlaggestaltung: Susanne Bolliger, Basel

# Inhaltsübersicht

Vorwort . . . . . . . . . . . . . . . . . . . . . . . . . . VII

*Karl Spühler* . . . . . . . . . . . . . . . . . . . . . . . 1
Einführung, Stand der Arbeit, Zeithorizont

*Peter Karlen* . . . . . . . . . . . . . . . . . . . . . . . 3
Vereinheitlichung des Zivilprozessrechts und Reform der
Bundesrechtspflege

*Sylvia Frei* . . . . . . . . . . . . . . . . . . . . . . . . 17
Sühneverfahren, summarisches, einfaches und ordentliches Verfahren
nach der neuen Schweizerischen Zivilprozessordnung

*Annette Dolge* . . . . . . . . . . . . . . . . . . . . . . 33
Das neue Beweisverfahren

*Karl Spühler* . . . . . . . . . . . . . . . . . . . . . . . 51
Die neue Rechtsmittelordnung – kritische Bemerkungen

*Viktor Rüegg* . . . . . . . . . . . . . . . . . . . . . . . 63
Materielle Wahrheitsfindung und Erledigungsstrenge – mit kritischen
Bemerkungen zur neuen Schweizerischen Zivilprozessordnung

*Karl Spühler* . . . . . . . . . . . . . . . . . . . . . . . 75
LugÜ 50 – wichtige Neuheit: vollstreckbare öffentliche Urkunde ohne
SchKG-Einleitungsverfahren

Autorenverzeichnis . . . . . . . . . . . . . . . . . . . . 81

# Vorwort

Die Ausarbeitung einer Schweizerischen Zivilprozessordnung durch die im Frühling 1999 durch Bundesrat Dr. Arnold Koller eingesetzte Expertenkommission ist ausgesprochen zügig vorangeschritten. Der Entwurf war drei Jahre darnach fertig gestellt. Leider wurde in der Folge das Vernehmlassungsverfahren nicht ebenso rasch eingeleitet. Folge davon war, dass auf Grund von Teilwissen in der juristischen Öffentlichkeit kritische Strömungen entstanden sind.

Nicht zuletzt, um diese ins richtige Licht zu setzen, hat das Institut für Schweizerisches und Internationales Verfahrensrecht (ISIV) Ende Januar 2003 zur neuen Schweizerischen Zivilprozessordnung eine sehr gut besuchte Tagung veranstaltet und gleichzeitig auch das damit eng zusammen hängende Bundesgerichtsgesetz (BGG) in die Orientierung einbezogen. Das vorliegende Bändchen enthält die dort gehaltenen Vorträge. Damit wollen die fünf Autoren und Autorinnen eine Grundlage für eine sachlich-kritische Auseinandersetzung mit der neuen Gesetzesvorlage schaffen.

Dem Verlag Helbing und Lichtenhahn gebührt der herzliche Dank für die Betreuung der vorliegenden Schrift.

Zürich/Winterthur, Ende März 2003

Karl Spühler

# Einführung, Stand der Arbeit, Zeithorizont

### Karl Spühler

## I. Expertenkommission

Im Frühling 1999 setzte das Eidgenössische Justizdepartement eine Experten-kommission für die Erarbeitung eines Entwurfes einer neuen schweizerischen Zivilprozessordnung (ZPO) ein. Der damalige Departementsvorsteher, Bundes-rat Arnold Koller, hatte dabei in der persönlichen Zusammensetzung insofern eine glückliche Hand, als er die romanische Vertretung überproportional ausge-staltete. Andererseits war der zürcherische Rechtskreis eher untervertreten. Dies blieb naturgemäss nicht ohne inhaltliche Auswirkungen.

## II. Inhalt der neuen ZPO

Die Arbeiten konnten im Wesentlichen Ende August 2002 abgeschlossen wer-den. Erst einige Monate später war auch der den Gesetzeswortlaut begleitende Bericht endgültig erstellt. Der Entwurf ist knapp und übersichtlich, fast nach den Richtlinien von Eugen Huber konzipiert. Gerichtsstandsgesetz, Scheidungsver-fahrensrecht und das Konkordat über die Binnenschiedsgerichtsbarkeit sind ein-gebaut. Hingegen wurde bewusst auf die Regelung der sachlichen Zuständigkeit verzichtet. Die Kantone können frei entscheiden, ob sie z. B. eigene Arbeitsge-richte oder Handelsgerichte wollen. Etwas anderes hätte die psychologisch-poli-tische Akzeptanz der Vorlage sehr eingeschränkt. Ähnliches gilt auch für die Frage der öffentlichen Urteilsberatung; diese können die Kantone frei regeln. Leider verfährt der Entwurf beim Rechtsmittelrecht nicht derart offen mit den Kantonen. Wohl ist eine Beschwerde gegen Urteile kantonaler Handelsgerichte und erstinstanzliche Urteile von oberen kantonalen Gerichten möglich. Da aber der Streitwert für die Anrufung des Bundesgerichtes recht hoch angesetzt ist, hätte den Kantonen unbedingt die Einrichtung von kantonalen dritten Instanzen für diejenigen Fälle erlaubt werden sollen, die nicht ans Bundesgericht weiter-ziehbar sind.

## III. Positiv- und Schwachstellen

Das Vernehmlassungsverfahren und dessen Auswertung dürften m. E. bis Ende 2003 dauern. Die folgenden parlamentarischen Beratungen sind zeitlich mit Un-gewissheiten belastet. Dass die Zeit für eine einheitliche schweizerische Prozessrechtsordnung überreif ist, erscheint auch für starke föderalistische Kräfte unbestritten. *Allerdings hängt – und dies ist meine persönliche Ansicht – ein Damoklesschwert über der Vorlage: Einstweilen hat das Erledigungsprinzip über die Anforderungen eines modernen rechtsstaatlichen Rechtsschutzes der Rechtssuchenden obsiegt.* Auf Grund des gegenwärtigen Standes des Entwurfes beim Novenrecht, den Rechtsmitteln, dem Fristenrecht, dem bürokratischen Kautionsrecht und der weitgehenden Verunmöglichung einer fakultativen dritten kantonalen Instanz ist die Prognose zu wagen, dass diese schwerwiegenden Probleme die Verabschiedung der Vorlage verzögern könnten. Es ist durchaus nicht auszuschliessen, dass gewisse Prozessrechtskulturen aufeinanderprallen werden. Die Trennlinie wird dabei kaum nach sprachlichen Gesichtspunkten verlaufen. Es wird eher eine Auseinandersetzung zwischen hohem Rechtsschutz verpflichteten Prozessrecht des Zürcher, Aargauer und Ostschweizer Rechtskreises und anderen weniger weit entwickelten Prozessrechtskantonen stattfinden.

## IV. Schiedsgerichtsbarkeit

Die Frage der Änderung des bisherigen Schiedsgerichtsrechts wurde von einer Subexpertenkommission eingehend geprüft. Sie kam zum Schluss, an der internationalen Schiedsgerichtgsbarkeit seien keinerlei Retouchen anzubringen. Die Art. 176 bis 194 ff. IPRG hätten sich bewährt. Das Gesetz stehe auch erst seit vierzehn Jahren in Kraft. – Erheblich mehr zu reden gab der Einbau des Schiedsgerichtskonkordates (SGK) in die neue schweizerische ZPO. Beibehalten wurden im Gegensatz zur internationalen Schiedsgerichtsbarkeit drei Instanzen; damit fällt eine direkte Anfechtung von Binnenschiedsgerichtsurteilen beim Bundesgericht weiterhin ausser Betracht. Einerseits waren hiefür Gründe der Überlastung des letzteren bestimmend, anderseits föderalistische Bedenken massgeblich. Eine wesentliche Änderung wurde hingegen mit Bezug auf die Verrechnung getroffen. Gemäss neuArt. 367 Abs. 1 ZPO ist das Schiedsgericht auch dann zur Beurteilung einer Verrechnungseinrede zuständig, wenn für die betreffende Forderung eine andere Schiedsvereinbarung oder eine Gerichtsstandsvereinbarung besteht.

# Vereinheitlichung des Zivilprozessrechts und Reform der Bundesrechtspflege

## Die neue Schweizerische Zivilprozessordnung im Kontext der Justizreform

### Peter Karlen

## Inhalt

| | | |
|---|---|---|
| **I. Justizreform im Bund** | | 4 |
| 1. Übersicht über die Reformbereiche | | 4 |
| 2. Elemente der Reform der Zivilrechtspflege | | 6 |
| **II. Neuerungen bei den Bundesrechtsmitteln in Zivilsachen** | | 8 |
| 1. Einheitsbeschwerde | | 8 |
| 2. Erhöhung der Streitwertgrenze | | 9 |
| 3. Ausnahmekatalog | | 10 |
| 4. Beibehaltung der staatsrechtlichen Beschwerde? | | 10 |
| 5. Erweiterung des vereinfachten Verfahrens | | 11 |
| **III. Anpassungen der kantonalen Gerichtsorganisation in Zivilsachen** | | 11 |
| 1. Erfordernis der *double instance* | | 12 |
| 2. Einheit des Verfahrens | | 13 |
| **IV. Wechselwirkungen zwischen Prozessrechtsvereinheitlichung und Reform der Bundesrechtspflege** | | 14 |
| 1. Abstimmung von allgemeinen Verfahrensvorschriften | | 14 |
| 2. Auswirkungen der Prozessrechtsvereinheitlichung auf die Rechtsmittelordnung | | 15 |
| **V. Ausblick** | | 16 |

Die Idee, das schweizerische Zivilprozessrecht zu vereinheitlichen, ist nicht neu. Ihr fehlte es jedoch lange Zeit an politischer Durchschlagskraft. Das hat sich inzwischen geändert. Die Vereinheitlichung des Zivilprozessrechts steht jetzt auf dem Programm einer umfassenden Erneuerung der eidgenössischen Rechtspflege – der sog. *Justizreform des Bundes* – und hat am Schwung dieses grösseren Vorhabens teil. Die Prozessrechtsvereinheitlichung ist damit zugleich in einen grösseren Rahmen eingebettet und kann nur richtig gewürdigt werden, wenn die Querbezüge zu anderen Teilen der angestrebten Gesamterneuerung mitberücksichtigt werden. Nachstehend soll aufgezeigt werden, wie sich die geplante Prozessrechtsvereinheitlichung in die eingeleitete Justizreform des Bundes einfügt und durch welche Elemente sie ergänzt wird.

## I. Justizreform im Bund

### 1. Übersicht über die Reformbereiche

Die an die Hand genommene Reform hat die Justiz zu einer Grossbaustelle werden lassen. Das Projekt ist vielschichtig und auf lange Zeit angelegt. Es kennt viele Elemente und verschiedene Geschwindigkeiten der Umsetzung. Dies verunmöglicht es, auf knappem Raum eine vollständige Übersicht über alle Bereiche der Justizreform zu vermitteln[1]. Stattdessen gibt die folgende Graphik eine vereinfachte Momentaufnahme über den gegenwärtigen Stand der Arbeiten wieder[2].

---

1 Eine nähere Darstellung findet sich bei *Hans Peter Walter,* Justizreform, in: Die neue Bundesverfassung, hrsg. von Peter Gauch/Daniel Thürer, 2002, S. 129 ff., sowie in der Botschaft über eine neue Bundesverfassung vom 20. November 1996, BBl 1997 I 487 ff., 640 ff. – Einen vertieften Einblick vermitteln ferner die jüngst erschienenen Beiträge im Heft 5/2002 der Zeitschrift für Schweizerisches Recht: *Ulrich Zimmerli,* Verfassungsgerichtsbarkeit, ZSR 2002 I 445 ff.; *Heinrich Koller/Christoph Auer,* Totalrevision der Bundesrechtspflege – Rechtsschutzdefizite im Entwurf des Bundesrats?, ZSR 2002 I 459 ff.; *Mercedes Novier,* Accès au Tribunal fédéral selon le projet de LTF: limitations acceptables?, ZSR 2002 I 505 ff.; *Felix Bänziger,* Die schweizerische Strafprozessordnung – ein Projekt mit Zukunft, ZSR 2002 I 527 ff.; *Thomas Sutter-Somm,* Der Vorentwurf zur Schweizerischen Zivilprozessordnung, ZSR 2002 I 545 ff.

2 Eine Übersicht über den jeweiligen Stand der einzelnen Reformvorhaben enthält die Website des Bundesamtes für Justiz (www.bj.admin.ch).

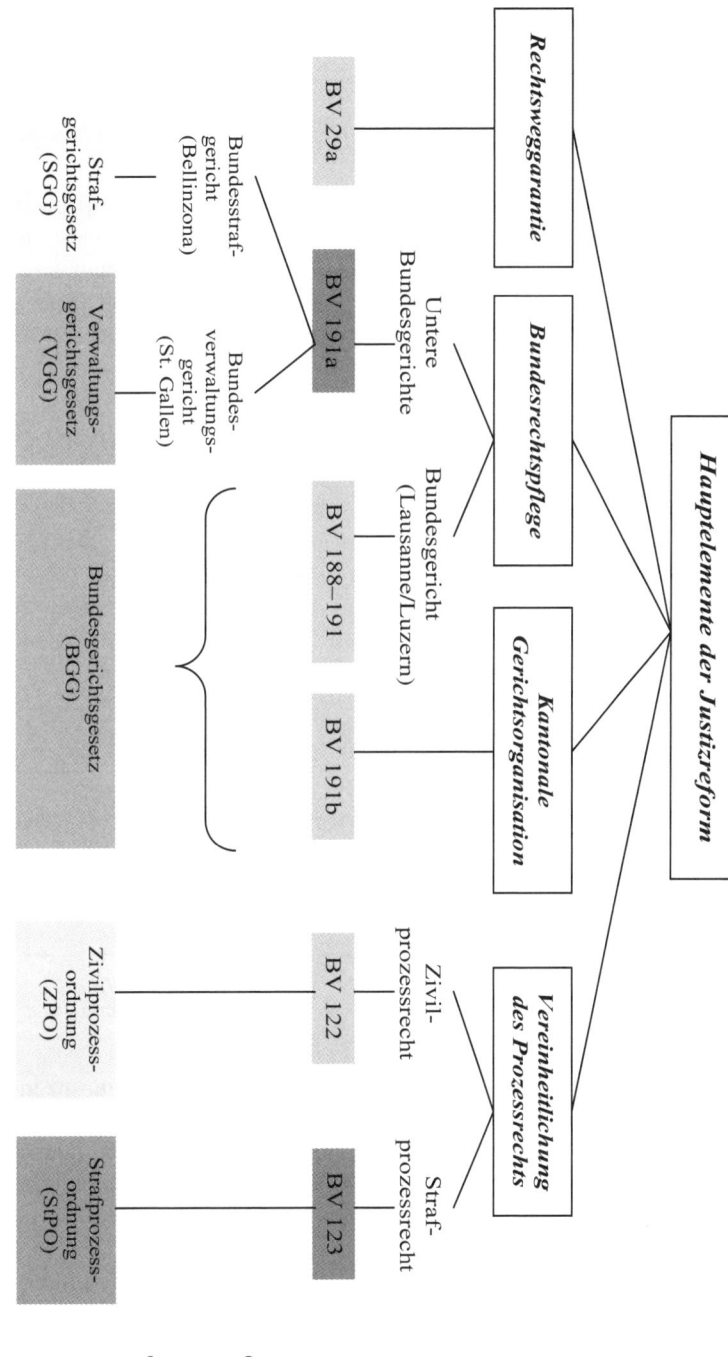

## 2. Elemente der Reform der Zivilrechtspflege

Die wiedergegebenen Teile der Justizreform berühren die Zivilrechtspflege teilweise in zentralen Punkten, teilweise – etwa bei der Regelung der Geltendmachung von Adhäsionsforderungen im Strafverfahren[3] – nur am Rande. Im Folgenden soll nur von den wichtigsten Neuerungen die Rede sein. Sie sind in der nachstehenden Graphik zusammengestellt.

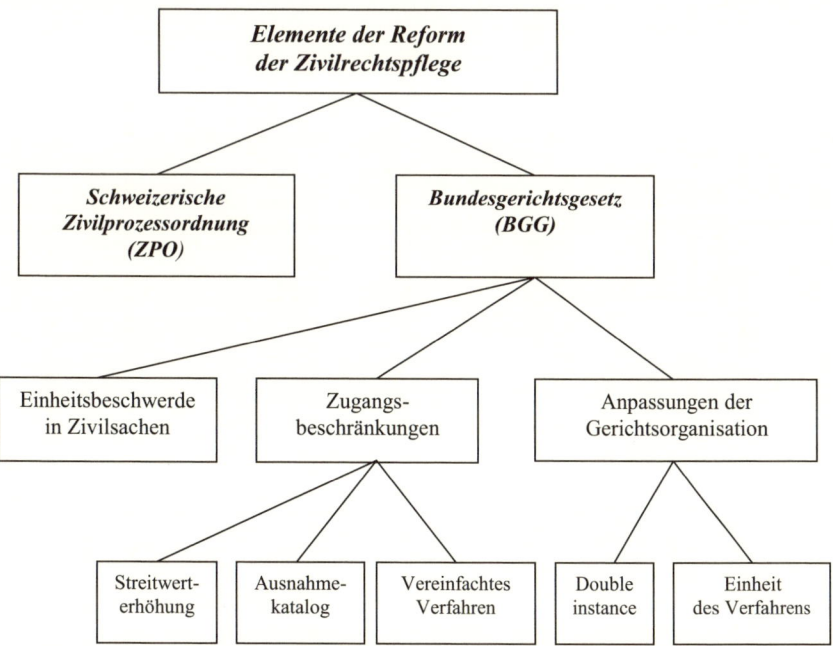

Es fällt sofort auf, dass das Zivilverfahrensrecht auch inskünftig nicht allein in der neuen Schweizerischen Zivilprozessordnung (ZPO) geregelt werden soll. Vielmehr bleiben die Regelung der Bundesrechtsmittel in Zivilsachen sowie gewisse Anpassungen an die kantonale Gerichtsorganisation dem neuen Bundesgerichtsgesetz (BGG) vorbehalten.

Der hier zunächst vorgesehene Erlass einer *Schweizerischen Zivilprozessordnung* setzte eine entsprechende Ausweitung der Bundeskompetenzen voraus. Die erforderliche Grundlage wurde mit der Annahme des neuen Art. 122 Abs. 1 BV

---

3 Vgl. Art. 129 ff. VE-StPO und Art. 73 Abs. 2 lit. a E-BGG (kritisch zu der zuletzt genannten Bestimmung *Martin Schubarth,* Die Einheitsbeschwerde in Strafsachen – Flop oder Ei des Columbus?, ZStrR 2002 69 ff.).

geschaffen. Danach ist die Gesetzgebung auf dem Gebiet des Zivilrechts *und des Zivilprozessrechts* Sache des Bundes. Bemerkenswert ist, dass im Rahmen der Justizreform ursprünglich lediglich eine *Harmonisierung* des Zivilprozessrechts vorgesehen wurde. Erst auf Grund des Vernehmlassungsergebnisses weitete man das Ziel auf die vollständige Vereinheitlichung aus[4].

Wie bereits angetönt gesellen sich zum Meilenstein der Prozessrechtsvereinheitlichung weitere Elemente, die im Entwurf für ein Bundesgerichtsgesetz, das an die Stelle des bisherigen Organisationsgesetzes (OG) treten soll, enthalten sind[5]. Es handelt sich einmal um die Neuregelung der *Bundesrechtsmittel in Zivilsachen.* Hier soll ein Einheitsrechtsmittel – die Einheitsbeschwerde in Zivilsachen – eingeführt werden. Damit verknüpft werden verschiedene Zugangsbeschränkungen (Streitwerterhöhung, Ausschluss bestimmter Materien und Ausbau des vereinfachten Verfahrens). Diese Massnahmen bewegen sich in dem vom neuen Art. 191 BV vorgezeichneten Rahmen. Eine weitergehende Zugangsbeschränkung durch ein sog. Vorprüfungsverfahren, wie es dem Bundesrat vorschwebte, hat das Parlament bekanntlich abgelehnt[6].

Vielleicht überraschend ist, dass das Bundesgerichtsgesetz nicht bei diesen Massnahmen stehen bleibt, sondern auch *Eingriffe in die kantonale Zivilgerichtsbarkeit* vorsieht. Der neue – noch nicht in Kraft getretene – Art. 122 Abs. 2 BV bestimmt zwar, dass für die Organisation der Gerichte und die Rechtsprechung in Zivilsachen weiterhin die Kantone zuständig sind, fügt dann aber hinzu, dass dies nur gelte, *soweit das Gesetz nichts anderes vorsehe.* Es handelt sich also bezüglich der Gewährleistung der kantonalen Gerichtsorganisation nur um eine *Substanzgarantie,* die Eingriffe nicht von vornherein ausschliesst[7]. Das neue Bundesgerichtsgesetz verlangt von den Kantonen in Zivil- und Strafsachen neu grundsätzlich die Einsetzung einer Rechtsmittelinstanz (Prinzip der sog. double instance) und ausserdem gewisse Angleichungen des kantonalen Verfahrens an jenes vor Bundesgericht.

Die aufgezählten neuen Elemente des Bundesgerichtsgesetzes sind unabhängig von der neuen Schweizerischen Zivilprozessordnung und werden wahrscheinlich schon vor dieser eingeführt. Sie sind jetzt im Einzelnen zu erörtern.

---

4 Botschaft Bundesverfassung (Anm. 1), S. 524 f. Vgl. auch *Thomas Sutter,* Auf dem Weg zur Rechtseinheit im schweizerischen Zivilprozessrecht, 1998, Rz. 147 ff.
5 Siehe dazu die Botschaft zur Totalrevision der Bundesrechtspflege vom 28. Februar 2001, BBl 2002 4202 ff. Vgl. ferner die Übersicht bei *Karl Spühler/Peter Reetz,* Das neue Bundesgerichtsgesetz aus Sicht des Anwalts, Anwaltsrevue 5/2001 5 ff.
6 Näheres dazu bei *Walter* (Anm. 1), S. 139 f.
7 Vgl. Botschaft Bundesverfassung (Anm. 1), S. 525 Anm. 116.

## II. Neuerungen bei den Bundesrechtsmitteln in Zivilsachen

### 1. Einheitsbeschwerde

Die markanteste Veränderung bringt die Vorlage für ein Bundesgerichtsgesetz beim Rechtsmittelsystem. Es soll radikal vereinfacht und vereinheitlicht werden durch die Einführung der *sog. Einheitsbeschwerde.* Allerdings ist der Name etwas trügerisch – er wird denn auch im Gesetzesentwurf selber nicht verwendet. Tatsächlich sieht dieser einen einzigen Rechtsmitteltyp vor, unterscheidet dann aber nach dem Gebiet, in dem der angefochtene Entscheid ergeht, zwischen drei Hauptformen: der Beschwerde in Zivilsachen, in Strafsachen und in öffentlich-rechtlichen Angelegenheiten[8]. Überdies kennt der Gesetzesentwurf neben der Einheitsbeschwerde für Kompetenzkonflikte sowie für zivil- und öffentlich-rechtliche Streitigkeiten zwischen Bund und Kantonen oder zwischen den Kantonen weiterhin die *Klage*[9]. Die bisherigen Rechtsmittel mit Ausnahme der Revision und dem Instrument der Erläuterung sollen alle verschwinden.

Nach diesem System gilt für den Rechtsmittelweg ans Bundesgericht in Zivilsachen also inskünftig die Formel: Aus fünf mach eins. Die Berufung, die zivilrechtliche Nichtigkeitsbeschwerde, die Verwaltungsgerichtsbeschwerde, die staatsrechtliche Beschwerde und die Beschwerde in Schuldbetreibungs- und Konkurssachen gingen alle in der neuen Beschwerde in Zivilsachen auf. Dieses neue Rechtsmittel stünde neben den eigentlichen Zivilsachen auch gegen öffentlichrechtliche Entscheide, die in unmittelbarem Zusammenhang mit dem Zivilrecht stehen, zur Verfügung, also etwa in Fällen der Namensänderung, des Vormundschaftswesens oder der Grundbuchführung[10].

Trotz des umfassenden Anwendungsbereichs des neuen Rechtsmittels darf man sich nicht täuschen lassen. Es führt grundsätzlich nicht zu einer Erweiterung der Beschwerdemöglichkeiten. Die Rügen können nun zwar alle im gleichen Verfahren vorgebracht werden, das neue Recht kennt aber keine Ausweitung der Beschwerdegründe. So kann gegen die Feststellung des Sachverhalts nur geltend gemacht werden, dass sie offensichtlich unrichtig ist oder in rechtsverletzender Weise erfolgte[11]. Es bleibt mit anderen Worten ungefähr bei der Kognition der heute in dieser Hinsicht allein zulässigen staatsrechtlichen Beschwerde. Auch die Verletzung kantonalen Rechts kann mit dem neuen Rechtsmittel nicht selbständig ins Feld geführt werden, möglich ist nur die Rüge seiner willkürlichen Anwendung.

---

8 Art. 68 ff., 73 ff. und 77 ff. E-BGG. Siehe zum Hintergrund und zur Ausgestaltung der Einheits-beschwerde neuerdings *Philipp Ziegler,* Von der Rechtsmittelvielfalt zur Einheitsbeschwerde, Diss. Basel, 2003.

9 Art. 106 E-BGG.

10 Art. 68 Abs. 2 lit. b E-BGG.

11 Art. 92 E-BGG; vgl. auch Botschaft Bundesrechtspflege (Anm. 5), S. 35.

Die Einheitsbeschwerde würde endlich die künstliche Situation beseitigen, dass in der gleichen Zivil- oder Strafsache zwei verschiedene Rechtsmittel erhoben werden müssen. Diese Doppelspurigkeit ist umständlich und bringt unnötige Wiederholungen. So muss der Sachverhalt regelmässig in beiden Rechtsschriften dargelegt werden, und häufig geht es auch nicht ohne Wiederholungen bei den rechtlichen Ausführungen. Allerdings wäre der Entlastungseffekt für das Bundesgericht nicht gross, da ja die gleichen materiellen Fragen zur Beurteilung anstünden, ob sie nun mit einem oder mit zwei Rechtsmitteln vorgebracht werden[12].

So weit betrachtet erscheint der Wechsel zur Einheitsbeschwerde wünschbar. Die Vorlage zum Bundesgerichtsgesetz verbindet das Konzept der Einheitsbeschwerde jedoch mit verschiedenen mehr oder weniger umstrittenen Zugangsbeschränkungen, um die gewünschte Entlastung des Bundesgerichts zu erreichen.

## 2. Erhöhung der Streitwertgrenze

Die erste Schranke betrifft die Anhebung des Streitwerts in Zivilsachen auf 40 000 Franken[13]. Wird noch berücksichtigt, dass das neue Gesetz auch eine andere Streitwertberechnung vorschlägt, resultiert in manchen Fällen sogar eine noch grössere Erhöhung[14]. Immerhin wird in Übereinstimmung mit Art. 191 Abs. 2 BV eine Ausnahme vom Streitwerterfordernis gemacht für Angelegenheiten, die *Rechtsfragen von grundsätzlicher Bedeutung* aufwerfen, sowie für einzelne weitere Fälle[15].

Die vorgesehene Erhöhung geht über den Betrag von rund 31 000 Franken hinaus, der sich bei blosser Aufrechnung der Inflation seit der letzten Festsetzung im Jahre 1959 ergäbe. Der Entlastungseffekt dieser Massnahme ist allerdings nicht allzu gross[16]. Es ist daher fraglich, ob er die grundsätzlichen Bedenken, die gegen hohe Streitwertgrenzen immer wieder vorgetragen werden, auszuräumen vermag[17].

---

12 Vgl. auch *Walter* (Anm. 1), S. 146; *Spühler/Reetz* (Anm. 5), S. 8.
13 Art. 70 Abs. 1 E-BGG.
14 Nach Art. 47 Abs. 1 lit. a E-BGG bemisst sich der Streitwert neu nach der Differenz zwischen dem vor der Vorinstanz streitig gebliebenen Begehren und dem Dispositiv des angefochtenen Entscheids; ebenso Art. 290 Abs. 2 VE-ZPO. Vgl. demgegenüber Art. 46 OG.
15 Art. 70 Abs. 2 E-BGG.
16 Vgl. *Karl Spühler,* Die Reform der Bundesgerichtsbarkeit: Schwerpunkte einer dringlichen Aufgabe, ZBl 1996 216.
17 *Novier* (Anm. 1), S. 507 ff. Vgl. auch *Bernard Corboz,* La réforme de l'organisation judiciaire fédérale, in: Les nouveaux fors fédéraux et les nouvelles organisations judiciaires, hrsg. Claude Ramoni, 2001, S. 174 f.; *Adolf Lüchinger,* Reform der Zivilgerichtsbarkeit des Bundes, in: Reform der Bundesgerichtsbarkeit, hrsg. von Rainer J. Schweizer, 1995, S. 37 f.; *Pierre Martin,* Probleme des Rechtsschutzes, ZSR 1988 II 136 f.

## 3. Ausnahmekatalog

Neben der Streitwerterhöhung schafft der neue Art. 191 Abs. 3 BV die Grundlage für eine weitere umstrittene Entlastungsmassnahme. So soll es möglich sein, bestimmte Sachgebiete vom Zugang zum Bundesgericht vollständig auszuschliessen. Der vorgesehene Ausschluss gälte ausnahmslos, im Unterschied zum Streitwerterfordernis also auch, wenn Rechtsfragen von grundsätzlicher Bedeutung aufgeworfen werden.

Die Vorlage für ein neues Bundesgerichtsgesetz will von dieser Möglichkeit vor allem im öffentlichen Recht Gebrauch machen. Hier bestehen ja schon heute umfangreiche Ausnahmekataloge[18]. In Zivilsachen beschränkt sich dagegen der Ausschluss auf einen einzigen untergeordneten Fall, in dem der Weg an das Bundesgericht schon bisher verschlossen war[19]. Es erübrigt sich daher, hier auf diese Entlastungsmassnahme näher einzugehen. Sie wird indessen mit Sicherheit noch Anlass zu Diskussionen geben[20].

## 4. Beibehaltung der staatsrechtlichen Beschwerde?

Die Erhöhung der Streitwertgrenzen und der ausgedehnte Ausnahmekatalog würden empfindliche Breschen in den bundesgerichtlichen Rechtsschutz schlagen. Um dies zu vermeiden, wird vereinzelt die Frage aufgeworfen, ob neben der Einheitsbeschwerde nicht die staatsrechtliche Beschwerde beizubehalten sei[21].

Auf den ersten Blick erscheint diese Forderung unvereinbar mit der gesetzgeberischen Idee der Einheitsbeschwerde. So soll diese doch gerade an die Stelle aller bisherigen Beschwerdearten treten, so dass es neben dieser keinen Platz für weitere solche Rechtsmittel mehr geben kann. Immerhin ist es nicht zwingend, das Konzept der Einheitsbeschwerde so strikte durchzuführen. Es ist auch denkbar, die Einheitsbeschwerde lediglich als *prinzipales* Rechtsmittel vorzusehen, daneben aber für gewisse Fälle – etwa bei Nichterreichen des Streitwerts oder für einzelne Fälle des Ausnahmekatalogs – eine auf wenige zulässige Rügen beschränkte staatsrechtliche Beschwerde als *subsidiäres* Rechtsmittel beizubehalten. Tatsächlich erlaubt eine abgestufte Regelung mit prinzipalen und subsidiären Rechtsmitteln, wie sie das geltende Recht kennt, eher eine feine Dosierung des Rechtsschutzes als ein „Einheitstopf". Immerhin könnte dasselbe Ergebnis weitgehend ebenfalls mit einer

---

18 Art. 99–101 OG.

19 Vgl. Art. 69 E-BGG in Verbindung mit Art. 100 Abs. 1 lit. w OG.

20 Vgl. nur *Zimmerli* (Anm. 1), S. 467 ff.; *Koller/Auer* (Anm. 1), S. 467 ff.

21 So namentlich von *Niccolò Raselli,* Hat die staatsrechtliche Beschwerde ausgedient?, AJP 2002 3 ff. – Vgl. auch *Spühler* (Anm. 16), S. 220, und *Lüchinger* (Anm. 17), S. 35. Kritisch demgegenüber *Koller/Auer* (Anm. 1), S. 478

differenzierteren Ausgestaltung der Einheitsbeschwerde – etwa durch Zulassung von Ausnahmen vom Ausnahmekatalog – bewirkt werden[22]. Allerdings vermindert sich mit jeder Ausdehnung der bundesgerichtlichen Zuständigkeit der Entlastungseffekt der vorgesehenen Zugangsbeschränkungen. Der Problemkreis bedarf einer sorgfältigen Prüfung und Abwägung durch den Gesetzgeber.

## 5. Erweiterung des vereinfachten Verfahrens

Als weiteres Mittel zur Entlastung des Bundesgerichts schlägt der Bundesrat einen behutsamen Weiterausbau des vereinfachten Entscheidverfahrens vor[23]. Er geht dabei nicht so weit wie das vom Parlament abgelehnte Vorprüfungsverfahren, aber doch etwas weiter als das derzeitige Verfahren nach Art. 36a OG. Neu ist vor allem, dass der Entscheid von zwei Richtern gefällt werden kann, wenn sie sich einig sind. Eine Zweierbesetzung ist freilich unüblich, ja ein Fremdkörper in unserer Rechtskultur. Ihr liegt wohl vor allem die Absicht zu Grunde, auch für die einfachsten Fälle (Nichteintretensentscheide bei nicht bezahlten Kostenvorschüssen, verpassten Fristen etc.) ein Einzelrichtersystem zu vermeiden. Indessen ist nicht recht einzusehen, warum am Bundesgericht nicht möglich sein sollte, was in den Kantonen verbreitet ist. Jedenfalls dürfte bei der gesetzgeberischen Ausgestaltung des vereinfachten Verfahrens – und in geringerem Mass auch bei seiner gerichtsinternen Handhabung – noch ein gewisses Entlastungspotential bestehen.

## III. Anpassungen der kantonalen Gerichtsorganisation in Zivilsachen

Die eidgenössische und die kantonale Justiz sind heute in vieler Hinsicht miteinander verwoben. Es kann deshalb nicht überraschen, dass die Justizreform des Bundes auch Auswirkungen auf die kantonale Gerichtsorganisation hat. Wie bereits erwähnt schliesst der neue Art. 122 BV gewisse Vorgaben an die Ausgestaltung der kantonalen Justiz nicht aus[24]. Der Entwurf für ein Bundesgerichtsgesetz stellt Mindestanforderungen an den kantonalen Instanzenzug und an das kantonale Rechtsmittelverfahren.

---

22  Vgl. auch *Koller/Auer* (Anm. 1), S. 479f.
23  Art. 102 E-BGG. Das Verfahren soll auch beim Entscheid, ob eine Rechtsfrage von grundsätzlicher Bedeutung vorliegt und das Bundesgericht deshalb trotz Unterschreitens des Streitwerts angerufen werden kann, zur Anwendung gelangen.
24  In der Lehre wird als Grundlage für Eingriffe in die kantonale Gerichtsorganisation auch der neue Art. 188 Abs. 2 BV genannt (so *Christina Kiss/Heinrich Koller*, in: Die schweizerische Bundesverfassung, Kommentar, hrsg. Bernhard Ehrenzeller et al., 2002, Art. 188, Rz. 25), was allerdings diskutabel erscheint.

## 1. Erfordernis der *double instance*

Der *Ausbau der Vorinstanzen* stellt vielleicht die wirkungsvollste Massnahme zur Entlastung des Bundesgerichts dar. Der Bund selber sieht zu diesem Zweck die Schaffung zweier neuer unterer Bundesgerichte vor, nämlich eines Bundesstrafgerichts (Sitz in Bellinzona) und eines Bundesverwaltungsgerichts (Sitz in St. Gallen)[25]. In Zivilsachen ist die Schaffung eines unteren Bundesgerichts mit Blick auf die im Allgemeinen gut ausgebaute Justiz in den Kantonen nicht vorgesehen[26]. Die Vorlage für ein Bundesgerichtsgesetz strebt jedoch die *Optimierung des kantonalen Instanzenzugs* an. Art. 71 Abs. 2 E-BGG verlangt zu diesem Zweck, dass in Zivilsachen zwei kantonale Instanzen angerufen werden können. Es soll mit anderen Worten der Grundsatz der *double instance* gelten. Art. 3 VE-ZPO geht sogar noch einen Schritt weiter und verlangt zwei *gerichtliche* Instanzen, nämlich ein erstinstanzliches Zivilgericht und ein Rechtsmittelgericht. Von dieser Massnahme erhofft man sich eine Filterwirkung und dadurch eine spürbare Entlastung des Bundesgerichts.

Das Erfordernis der doppelten Instanz erfährt im Entwurf des Bundesgerichtsgesetzes verschiedene Präzisierungen und auch gewisse Relativierungen. Erwähnenswert ist zunächst, dass als Rechtsmittelinstanzen in Zivilsachen *obere* kantonale Gerichte eingesetzt werden müssen, wenn das Bundesgericht angerufen werden kann. Auch wenn als erste Instanz eine Verwaltungsbehörde entscheidet, darf der kantonale Rechtsmittelzug also nicht bei einem unteren kantonalen Gericht – etwa einem Bezirksgericht – enden. Ferner können sich die Kantone nicht mehr darauf beschränken, für grosse Streitwerte lediglich *eine* kantonale Instanz zur Verfügung zu stellen. Mit Blick auf eingelebte Strukturen in den Kantonen sollen freilich vom Prinzip der *double instance* zwei gewichtige Ausnahmen gemacht werden[27]. Erstens besteht logischerweise dort kein Raum für eine zweite kantonale Instanz, wo das Bundesrecht selber nur eine einzige zulässt, wie dies auf dem Gebiet des Immaterialgüterrechts der Fall ist[28]. Zweitens soll es weiterhin möglich sein, dass kantonale Handelsgerichte als einzige kantonale Instanzen entscheiden.

Der Grundsatz der *double instance* umschreibt lediglich einen Mindeststandard. So ist es den Kantonen freigestellt, in Zivilsachen den Rechtsweg auf mehr als

---

25 Vgl. den neuen Art. 191a BV sowie auf Gesetzesebene das von den Eidgenössischen Räten bereits verabschiedete Strafgerichtsgesetz vom 4. Oktober 2001 (SGG; BBl 2002 6493 ff.), den Entwurf für ein Verwaltungsgerichtsgesetz (VGG; BBl 2001 4539 ff.) sowie das ebenfalls bereits verabschiedete Bundesgesetz über den Sitz des Bundesstrafgerichts und des Bundesverwaltungsgerichts vom 21. Juni 2002 (BBl 2002 4456).

26 Ein solcher Schritt ist allerdings auch nicht ausgeschlossen. Der neue Art. 191a Abs. 3 BV sieht vor, dass der Bund neben dem Bundesstraf- und -verwaltungsgericht weitere richterliche Behörden einsetzen kann. Gedacht wurde offenbar an ein Fachgericht für Bereiche des Immaterialgüterrechts, etwa an ein Bundespatentgericht; vgl. *Kiss/Koller* (Anm. 24), Art. 191a, Rz. 32.

27 Art. 71 Abs. 2 E-BGG.

28 Art. 76 PatG, Art. 55 MSchG, Art. 33 MMG, Art. 64 Abs. 3 URG und Art. 14 Abs. 1 KG.

zwei Instanzen auszudehnen und beispielsweise noch die Anrufung eines Kassationsgerichts zu ermöglichen. Allerdings sei nicht verschwiegen, dass der Vorentwurf für eine Schweizerische Zivilprozessordnung diese Möglichkeit nicht zulässt[29].

Die Durchführung des Prinzips der *double instance* gemäss dem vorliegenden Gesetzesentwurf befriedigt nicht in allen Punkten. Zunächst ist die Regelung selber inkonsequent. So wird in den Fällen, in denen das Bundesrecht eine einzige kantonale Instanz vorschreibt, unabhängig vom Streitwert immer die Anrufung des Bundesgerichts zugelassen, damit insgesamt mindestens eine Beurteilung durch zwei Instanzen zur Verfügung steht[30]. Entscheidet dagegen auf kantonaler Ebene allein ein Handelsgericht, so ist die Beschwerde an das Bundesgericht nicht zulässig, wenn der Streitwert nicht erreicht wird und keine grundsätzliche Frage zur Beurteilung ansteht. Der Rechtsschutz würde sich diesfalls auf eine einzige Instanz beschränken, was fragwürdig erscheint[31, 32]. Die Regelung gemäss Entwurf für ein Bundesgerichtsgesetz steht aber auch nicht im Einklang mit der Lösung in der geplanten eidgenössischen Zivilprozessordnung. Danach können nämlich alle Entscheide von Handelsgerichten im Kanton mit Beschwerde angefochten werden[33]. Das Erfordernis der *double instance* müsste somit auch in diesen Fällen erfüllt sein.

## 2. Einheit des Verfahrens

Doppelinstanzlichkeit genügt nicht für die Optimierung des kantonalen Instanzenzugs. Es muss auch sichergestellt sein, dass der Rechtsschutz im kantonalen Verfahren nicht enger ausgestaltet ist als vor Bundesgericht. Bildlich gesprochen soll sich der Trichter gegen oben verengen und nicht erweitern, da sonst die erwünschte Entlastung nicht eintritt.

Nach dem Grundsatz der *Einheit des Verfahrens* darf daher nach dem Entwurf für ein neues Bundesgerichtsgesetz die Legitimation und die Kognition im kantona-

---

29 So kann nach Art. 310 lit. a VE-ZPO die Beschwerde nur gegen Entscheide erst-, aber nicht zweitinstanzlicher Gerichte ergriffen werden.
30 Art. 70 Abs. 2 lit. b E-BGG.
31 Mit dieser Lösung würde ein *Ungleichgewicht* zum Rechtsschutz in anderen Fällen geschaffen. Es ist aber zu beachten, dass weder Art. 29a BV noch Art. 6 Ziff. 1 EMRK einen Anspruch auf eine Rechtsmittelinstanz gewährleisten (*Andreas Kley,* in: Die schweizerische Bundesverfassung, Kommentar, hrsg. Bernhard Ehrenzeller et al., 2002, Art. 29a, Rz. 7; *Mark E. Villiger,* Handbuch der Europäischen Menschenrechtskonvention [EMRK], 2. Aufl. 1999, Rz. 430) und sich ein solcher auch nicht aus Art. 191b BV ergibt (*Kiss/Koller* [Anm. 24], Art. 191b, Rz. 15).
32 Immerhin können die Kantone in diesen Fällen ein Rechtsmittel an eine weitere kantonale Instanz vorsehen. Vgl. dazu auch nachstehend S. 14.
33 Art. 5 Abs. 3 VE-ZPO.

len Verfahren nicht enger sein als vor Bundesgericht[34]. Ausserdem muss mindestens ein kantonales Gericht den Sachverhalt frei prüfen und das massgebende Recht von Amtes wegen anwenden[35], andernfalls würde der Rechtsweggarantie nicht Genüge getan[36]. Eine Ausnahme macht die Gesetzesvorlage für kantonale Drittinstanzen. Ihre Kognition kann enger sein als jene des Bundesgerichts, sofern mindestens die zweite Gerichtsinstanz die gleiche Prüfungsbefugnis hat wie das Bundesgericht.

Auch diese Regelung erscheint nicht genügend durchdacht. Sie lässt ausser Acht, dass ausnahmsweise nur eine einzige kantonale Instanz erforderlich ist und in diesen Fällen konsequenterweise auch eine kantonale *Zweitinstanz* mit engerer Kognition als das Bundesgericht möglich sein sollte[37]. Freilich ergibt sich ohnehin eine neue Situation, wenn Art. 5 Abs. 3 VE-ZPO gegen Urteile der Handelsgerichte stets eine Beschwerde vorsieht.

Gesamthaft betrachtet zeigt sich, dass die angestrebte verfahrensrechtliche Optimierung in den vorliegenden Entwürfen noch nicht in jeder Hinsicht geglückt ist. Immerhin zeichnet sich ab, dass inskünftig in Zivilsachen der Rechtsweg in der Regel drei Instanzen umfasst: auf kantonaler Ebene ein unteres und oberes Gericht, ausnahmsweise zwei obere – aber nicht zwei untere – Gerichte und anschliessend das Bundesgericht. Die Einsetzung kantonaler Drittinstanzen ist inskünftig vor allem für Fälle vorzusehen, in denen das Bundesgericht nicht angerufen werden kann.

## IV. Wechselwirkungen zwischen Prozessrechtsvereinheitlichung und Reform der Bundesrechtspflege

Neben den soeben dargestellten Berührungspunkten gibt es weitere Zusammenhänge zwischen neuer Schweizerischer Zivilprozessordnung und geplantem Bundesgerichtsgesetz. Eine vertiefte Untersuchung der Wechselwirkungen ist hier nicht möglich, es soll lediglich auf zwei Punkte hingewiesen werden.

### 1. Abstimmung von allgemeinen Verfahrensvorschriften

Es entspricht dem Gebot der Rechtssicherheit, die Verfahren vor den kantonalen Zivilgerichten und dem Bundesgericht möglichst nach den gleichen Regeln ab-

---

34  Art. 104 E-BGG.
35  Art. 103 E-BGG.
36  Vgl. *Kley* (Anm. 31), Rz. 6.
37  Vgl. auch *Spühler/Reetz* (Anm. 5), S. 8.

zuwickeln. Für das bundesgerichtliche Verfahren sollen ja auch weiterhin die zivilprozessualen Bestimmungen gelten, soweit das Bundesgerichtsgesetz keine eigene Vorschrift aufstellt[38]. Aus diesen Gründen erscheint eine Angleichung der allgemeinen Verfahrensbestimmungen der Zivilprozessordnung und des Bundesgerichtsgesetzes geboten. In den Entwürfen wird diesem Anliegen nicht durchgehend Rechnung getragen. So ist es beispielsweise nicht gerechtfertigt, für die Überweisung von Kostenvorschüssen unterschiedliche Vorgaben aufzustellen[39].

## 2. Auswirkungen der Prozessrechtsvereinheitlichung auf die Rechtsmittelordnung

Neben diesen Abstimmungsproblemen auf der normativen Ebene hat die Vereinheitlichung des Zivilprozessrechts auch bedeutende faktische Verschiebungen zur Folge. Da die geltende und die vorgesehene künftige Rechtsmittelordnung bei den zulässigen Rügen eine Trennlinie zwischen eidgenössischem und kantonalem Recht zieht, hat die Überführung des Prozessrechts auf die Bundesebene erhebliche Auswirkungen: Prozessrechtsverletzungen werden neu zu Bundesrechtsverletzungen. Und als solche können sie vor Bundesgericht nicht mehr nur im Rahmen von Verfassungsverletzungen geltend gemacht werden. Dementsprechend würde die Prozessrechtsvereinheitlichung zu einer erheblichen Ausweitung der bundesgerichtlichen Überprüfungsbefugnis in prozessualen Fragen führen. Sollte vor Bundesgericht die bisherige Rechtsmittelordnung beibehalten werden, drängte die Berufung die staatsrechtliche Beschwerde zurück. Es wäre indessen ein Fehlschluss, die Einführung der Einheitsbeschwerde deshalb als überflüssig zu erachten. Denn Sachverhaltsfeststellungen könnten nach der bisherigen Ordnung weiterhin nur mit staatsrechtlicher Beschwerde gerügt werden[40]. Die Zweiteilung der Rechtsmittel erschiene somit nach einer Prozessrechtsvereinheitlichung noch künstlicher, weshalb sie erst recht nach Einführung der Einheitsbeschwerde ruft.

Unabhängig von der künftigen Ausgestaltung der Rechtsmittelordnung dürfte die Prozessrechtsvereinheitlichung – zumindest während einer ersten Phase – zu einer erheblichen Mehrbelastung des Bundesgerichts führen. Es wird auf diesem Gebiet eine gesamtschweizerische Praxis bilden müssen. Umgekehrt ergibt sich

---

38  Art. 67 E-BGG. Der Verweis auf den BZP in dieser Bestimmung wird nach erfolgter Prozessrechtsvereinheitlichung durch jenen auf die ZPO zu ersetzen sein. Vgl. auch den heute geltenden Art. 40 OG.

39  Vgl. Art. 135 Abs. 2 VE-ZPO (Abschicken eines Zahlungsauftrags zu sofortiger Ausführung innert Frist genügt) im Unterschied zu Art. 44 Abs. 4 E-BGG (Erforderlichkeit der Übergabe an die Post oder Belastung eines Post- oder Bankkontos innert Frist).

40  Die willkürliche Beweiswürdigung kann nicht als Verletzung des Grundsatzes der freien Beweiswürdigung gemäss Art. 150 VE-ZPO vorgebracht werden; vgl. BGE 127 IV 48.

mit dem vereinheitlichten Prozessrecht für kantonale Instanzen, die wie das Zürcher Kassationsgericht vor allem prozessuale Fragen prüfen, eine neue Situation. Für die Ausbildung einer kantonalen Praxis in Prozessrechtsfragen besteht kein Raum mehr. Die Prozessrechtsvereinheitlichung legt daher auch mit Blick auf die beschriebenen faktischen Gewichtsverlagerungen eine Überprüfung der kantonalen Gerichtsorganisation nahe.

## V. Ausblick

Auf den ersten Blick scheint es, das Projekt der Justizreform stelle einen grossen Sprung nach vorn dar. Bei genauerer Betrachtung zeigt sich, dass vieles durch die Rechtsentwicklung in den letzten Jahren weitgehend vorbereitet wurde und die Neuerungen nicht mehr als so gross empfunden werden. Ausserdem ist zur Zeit noch nicht genau absehbar, wo der Sprung, zu dem die Justizreform ausgeholt hat, wirklich hinführen wird. Einige Punkte wie die Verfassungsgerichtsbarkeit oder die Einführung griffiger Zugangsbeschränkungen sind bereits aus dem Vorhaben gekippt, andere befinden sich demgegenüber auf gutem Weg, und kleinere Anpassungen der Bundesrechtspflege (vor allem die weitgehende Abschaffung der Direktprozesse in Zivilsachen) sind durch eine vorgezogene kleine Revision des Organisationsgesetzes[41] sogar schon realisiert worden. Im Blick auf die aufgezeigten weitreichenden Folgen des Reformwerks ist entscheidend, dass alle seine Teile wohl durchdacht, gut aufeinander abgestimmt und vor allem langfristig angelegt sind.

Versucht man beim heutigen unabgeschlossenen Stand eine Zwischenbilanz zu ziehen, fällt auf, dass der Ausbau des Rechtsschutzes tendenziell stärker gewichtet wird als die Entlastung des Bundesgerichts. Es besteht damit die Gefahr, dass das höchste Gericht die Rechtsfortbildung zugunsten einer serienweisen Erledigung von Standardfällen zu sehr zurückstellen muss[42]. Auch wenn sich die Situation am Bundesgericht in den letzten Jahren etwas beruhigt hat und die Eingänge in den letzten drei Jahren rückläufig sind[43], ist schon heute absehbar, dass das Problem der Entlastung des Bundesgerichts nach Durchführung der Justizreform weiterhin aktuell bleiben wird.

---

41 Teilrevision des Bundesrechtspflegegesetzes zur Entlastung des Bundesgerichts vom 23. Juni 2000, in Kraft seit 1. Januar 2001 (AS 2001 2719).
42 Vgl. *Walter* (Anm. 1), S. 140.
43 Die Zahl der Eingänge am Bundesgericht erreichte ihren Kulminationspunkt 1996 (5615 Fälle), bewegte sich bis 2000 nur auf einem wenig tieferen Niveau und ging dann im Jahre 2001 auf 4966 und 2002 auf 4561 zurück. Das entspricht ungefähr der Eingangszahl von 1991.

# Sühnverfahren, summarisches, einfaches und ordentliches Verfahren nach der neuen Schweizerischen Zivilprozessordnung

Sylvia Frei

## Inhalt

I. Überblick . . . . . . . . . . . . . . . . . . . . . . . . . . . . . . 18

II. Ordentliches Verfahren (Art. 191–234 VE) . . . . . . . . . . . . . . . . 19
   1. Das Schlichtungsverfahren (Art. 191–205 VE) . . . . . . . . . . . . 19
   2. Das Entscheidverfahren (Art. 210–226 VE) . . . . . . . . . . . . . . 21
      a) Klage, Klageantwort und Widerklage, Replik, Duplik (Art. 210–216 VE) . 21
      b) Vorbereitung der Hauptverhandlung (Art. 217–219 VE) . . . . . . . 23
      c) Hauptverhandlung (Art. 220–226 VE) . . . . . . . . . . . . . . . 24
   3. Das Entscheidverfahren (Art. 227–234 VE) . . . . . . . . . . . . . . 25

III. Besondere Verfahren (Art. 235–274 VE) . . . . . . . . . . . . . . . . . 26
   1. Allgemeine Bestimmungen (Art. 235 und 236 VE) . . . . . . . . . . 26
   2. Das vereinfachte Verfahren (Art. 237–241 VE) . . . . . . . . . . . . 26
   3. Das Scheidungsverfahren (Art. 242–251 VE) . . . . . . . . . . . . . 27
   4. Verfahren betreffend Kinderbelange (Art. 252–257) . . . . . . . . . 28
      a) Allgemeine Bestimmungen (Art. 252–255 VE) . . . . . . . . . . . 28
      b) Verfahren auf Feststellung und Anfechtung des Kindesverhältnisses
        (Art. 256 und 257 VE) . . . . . . . . . . . . . . . . . . . . . . 28
   5. Das summarische Verfahren (Art. 258–274 VE) . . . . . . . . . . . . 29
      a) Allgemeines (Art. 258–260 VE) . . . . . . . . . . . . . . . . . . 29
      b) Verfahren und Entscheid (261–265 VE) . . . . . . . . . . . . . . 29
      c) Schneller Rechtsschutz in klaren Fällen (Art. 266 und 267 VE) . . . . 30
      d) Freiwillige Gerichtsbarkeit (Art. 268–270 VE) . . . . . . . . . . . 30
      e) Besitzesschutz unter Strafandrohung (Art. 271–274 VE) . . . . . . . 30

IV. Vorsorgliche Massnahmen und Schutzschrift (Art. 275–285 VE) . . . . . 31
   1. Vorsorgliche Massnahmen (Art. 275–284 VE) . . . . . . . . . . . . . 31
   2. Schutzschrift (Art. 285 VE) . . . . . . . . . . . . . . . . . . . . . 31

V. Säumnis und Wiederherstellung (Art. 142–144 VE) . . . . . . . . . . . 32

# I. Überblick

Im 2. Teil, Besondere Bestimmungen, des Vorentwurfes der Schweizerischen Zivilprozessordnung (ZPO) wird das ordentliche Verfahren unter dem 1. Titel und sogenannte besondere Verfahren (vereinfachtes Verfahren, Scheidungsverfahren, Verfahren betr. Kinderbelange und Summarverfahren) unter dem 2. Titel geregelt.

Was das ordentliche Verfahren anbelangt ist festzuhalten, dass zu Beginn des Prozesses in der Regel ein Schlichtungsverfahren (Sühnverfahren) vorgesehen ist, und dass das ordentliche Verfahren (nach dem Schlichtungsverfahren) in drei Phasen aufgeteilt ist, nämlich in das Vorverfahren, das Beweisverfahren und das eigentliche Hauptverfahren. Wir haben weiter ein sogenanntes vereinfachtes Verfahren, ein Scheidungsverfahren und ein Verfahren betreffend Kinderbelange, welche allesamt als besondere ordentliche Verfahren bezeichnet werden, wie dies im Bericht zum Vorentwurf festgehalten wird. Das Summarverfahren bleibt als eigenständiges Verfahren beibehalten, hingegen wird es kein beschleunigtes Verfahren mehr geben.

## II. Ordentliches Verfahren (Art. 191–234 VE)

### 1. Das Schlichtungsverfahren (Art. 191–205 VE)

Die Expertenkommission war sich darüber einig, dass die Beibehaltung eines Schlichtungsverfahrens zu Beginn eines Prozesses von erheblicher Bedeutung ist, so um den Parteien zu ermöglichen, bereits in einem frühen Stadium eines Prozesses einen Vergleich zu finden.

In den Art. 191–205 des Vorentwurfes wird denn das Schlichtungsverfahren, welches seitens der Expertenkommission als Kernpunkt bezeichnet wird, geregelt.

**Kurzer Überblick:**

a) Der Vorentwurf überlässt in Art. 1 Abs. 4 und Art. 2 die Regelung der Gerichtsorganisation und der sachlichen Zuständigkeit weiterhin den einzelnen Kantonen, weshalb die kantonalen Traditionen weitergeführt werden können. Die Beibehaltung von Friedensrichtern/Vermittlern ist möglich, aber auch, dass das Schlichtungsverfahren vom erstinstanzlichen Gericht durchgeführt wird. Verlangt wird lediglich, dass es sich bei der Schlichtungsbehörde um eine gerichtliche Behörde handelt, diese darf nicht etwa der kantonalen Verwaltung angehören.

b) Der Entwurf sieht vor, dass dem Entscheidverfahren im Grundsatz ein Schlichtungsverfahren voraus zu gehen hat (Art. 191 VE). Ist ein Schlichtungsverfahren obligatorisch, stellt dessen Durchführung eine Prozessvoraussetzung dar.

c) Ein Schlichtungsverfahren findet dann nicht statt, wenn seitens der Parteien darauf verzichtet wird oder wenn die ZPO ein solches ausschliesst.

**Art. 192 VE regelt den Verzicht der Parteien und hält fest, dass ein Schlichtungsverfahren dann nicht stattzufinden hat,**

    **aa)** wenn beide Parteien darauf schriftlich verzichten,
    **bb)** bei einem einseitigen Verzicht der klagenden Partei, so:
      – bei vermögensrechtlichen Streitigkeiten von über Fr. 10000.–;
      – bei Wohnsitz/Sitz der beklagten Partei im Ausland oder
      – bei unbekanntem Aufenthaltsort der beklagten Partei.

Auf ein Schlichtungsverfahren kann nicht verzichtet werden, soweit die ZPO für eine Streitigkeit das vereinfachte Verfahren vorsieht (auf dieses Verfahren wird später zurückzukommen sein).

### Art. 193 VE schliesst ein Schlichtungsverfahren aus bei

**aa)** Klagen über den Personenstand

**bb)** Klagen auf Eheungültigkeit

**cc)** Scheidung auf gemeinsames Begehren

**dd)** im summarischen Verfahren

**ee)** oder wenn über den gleichen Streitgegenstand früher schon ein Schlichtungsverfahren durchgeführt worden ist; ferner

**ff)** bei Klagen aus dem SchKG, für welche nach heute geltendem Recht das beschleunigte Verfahren vorgesehen ist und

**gg)** bei einer Anfechtung einer Kündigung bei einem Miet- oder Pachtverhältnis, sofern bereits ein Ausweisungsverfahren hängig ist.

**d)** Eine Aufwertung erhält das Schlichtungsverfahren dadurch, dass die Einreichung des Gesuches die Rechtshängigkeit der Klage begründet (Art. 206 VE), so dass eine Partei, welche auf eine rasche Rechtshängigkeit Wert legt, auch bei Freiwilligkeit das Schlichtungsverfahren einleiten wird. Als weitere Wirkung hat die Einreichung des Schlichtungsgesuches die Unterbrechung der Verjährung zur Folge (Art. 135 Ziff. 2 OR).

**e)** Neu ist im Entwurf auch eine Ausdehnung der paritätisch besetzten Schlichtungsbehörde in arbeitsrechtlichen Streitigkeiten vorgesehen, nicht nur wie bis anhin bei Miet- und Pachtstreitigkeiten.

**f)** Der Entwurf ermöglicht es den Kantonen auch, der Schlichtungsbehörde die Kompetenz einzuräumen, in Bagatellstreitigkeiten einen Entscheid zu fällen, so bis zu einem Streitwert von Fr. 1000.–. Das Schlichtungsverfahren geht in einem solchen Fall nach dessen Beendigung auf Gesuch der klagenden Partei – und nur auf entsprechendes Gesuch hin – in das Entscheidverfahren über. Dieses ist mündlich und es ist hiefür das vereinfachte Verfahren vorgesehen (Art. 205 VE).

**g)** Als besondere Aufgaben wird der Schlichtungsbehörde die Kompetenz eingeräumt, die Parteien bei Streitigkeiten aus Miet- und Pachtverhältnissen von Wohn- und Geschäftsräumlichkeiten, sowie bei Streitigkeiten nach dem Gleichstellungsgesetz, zu beraten (Art. 195 VE).

**h)** Neu ist, dass mit Bezug auf Streitigkeiten aus Miete und Pacht von Wohn- und Geschäftsräumlichkeiten und bei landwirtschaftlicher Pacht sowie bei Streitigkeiten aus dem Arbeitsverhältnis bis zu einem Streitwert von Fr. 30 000.–, die Schlichtungsbehörde den Parteien einen kurz begründeten Urteilsvorschlag unterbreitet. Wird auf diesen Urteilsvorschlag hin seitens der beschwerten Partei nicht innert Monatsfrist Klage beim Gericht eingereicht, gilt dieser Urteilsvorschlag als angenommen und hat die Wirkungen eines rechtskräftigen Entscheides (Art. 204 VE).

Verfahrensarten

i)  Was nunmehr noch das eigentliche Schlichtungsverfahren anbelangt, gilt darauf hinzuweisen, dass der Bundesrat zur Einreichung des Schlichtungsgesuches Formulare zur Verfügung zu stellen hat, damit den Parteien ermöglicht wird, ein den gesetzlichen Anforderungen entsprechendes Gesuch einzureichen, welches Gegenpartei, Streitgegenstand und Rechtsbegehren nennt (Art. 196 VE).

j)  Im Sinne einer Ordnungsvorschrift wird vorgegeben, dass die Schlichtungsverhandlung innert Monatsfrist nach Einreichung des Gesuches stattzufinden hat. Nach wie vor haben die Parteien in der Regel persönlich zu erscheinen, können sich, wenn sie dies wollen, von jemandem begleiten lassen. Auch ist die Schlichtungsverhandlung nicht öffentlich und es werden keine Protokolle über die Aussagen der Parteien erstellt, ebensowenig dürfen Aussagen der Parteien in einem späteren Entscheidverfahren berücksichtigt werden (Art. 197–199 VE).

## 2. Das Entscheidverfahren (Art. 210–226 VE)

Ist ein Schlichtungsversuch gescheitert, wird der klagenden Partei grundsätzlich die Klagebewilligung erteilt. Davon ausgenommen sind diejenigen Streitigkeiten, bei welchen die Schlichtungsbehörde den Parteien einen Urteilsvorschlag unterbreitet hat (vgl. Art. 204 VE). Erhält die klagende Partei die Bewilligung zur Klage ist sie berechtigt, während zweier Monate (nicht wie bis anhin im Kanton Zürich drei Monate) die Klage beim Gericht einzureichen. Neu ist auch, dass auf diese Frist die Bestimmungen über den Stillstand der Fristen keine Anwendung mehr finden (Art. 202 VE).

Wie wir gesehen haben, tritt die Rechtshängigkeit und die damit verbundenen Wirkungen, wie, dass der Streitgegenstand nicht mehr anderweitig rechtshängig gemacht werden kann, dass die örtliche und sachliche Zuständigkeit erhalten bleibt und die beklagte Partei Widerklage erheben kann, mit der Einreichung des Gesuches um Ansetzung einer Schlichtungsverhandlung ein. Die sogenannte Fortführungslast, also die Obliegenheit der klagenden Partei, ihre Klage fortzuführen, ansonsten sie die Folgen der materiellen Rechtskraft trägt, tritt erst nach Eröffnung des Entscheidverfahrens ein, so wenn die Schlichtungsbehörde direkt auf Ersuchen der klagenden Partei hin dieses eröffnet oder die klagende Partei nach Bewilligung der Klage diese beim zuständigen Gericht eingereicht hat (Art. 209 VE).

a)  **Klage, Klageantwort und Widerklage, Replik, Duplik (Art. 210–216 VE)**

aa)  **Klage**

In der Klage sind nach wie vor die Parteien und deren allfällige Rechtsvertreter zu bezeichnen, ist das Rechtsbegehren zu formulieren und der

Streitwert anzugeben. Überdies muss sie die Tatsachenbehauptungen enthalten. Neu ist, vor allem für zürcherische Verhältnisse, wie überhaupt für die Verhältnisse in der Ostschweiz, dass bereits in der Klage die einzelnen Beweismittel zu den Tatsachenbehauptungen genannt werden müssen, und dass mit der Klage auch die verfügbaren Urkunden, welche als Beweismittel genannt werden, einzureichen sind. Weiter ist ein Verzeichnis der Beweismittel, sowie ihre Zuordnung zu den in der Klage angeführten Tatsachen zu erstellen und ebenfalls einzureichen. Ob die Klage bereits rechtliche Ausführungen enthalten soll, können die Parteien frei entscheiden (Art. 210 VE).

### bb) Klageantwort und Widerklage (Art. 211–213 VE)

Nach Zustellung der Klage an die beklagte Partei hat letztere die Klageantwort zu verfassen, welche den gleichen Anforderungen gerecht werden muss, wie die Klage. Im Vorentwurf wird der beklagten Partei aufgegeben, allfällige Einwendungen gegen die Fortführung des Prozesses zu erheben und darzulegen, inwiefern Tatsachenbehauptungen der klagenden Partei bestritten werden. Mit der Klageantwort kann Widerklage erhoben werden, sofern dies nicht bereits vor der Schlichtungsbehörde geschah. Mit der Klageantwort muss auch die Widerklage begründet werden. Geschieht dies nicht, gilt die bereits vor der Schlichtungsbehörde erhobene Widerklage als zurückgezogen.

Absolut neu ist, für zürcherische Begriffe, dass der klagenden Partei, sofern sie die ihr durch das Gericht angesetzte Frist zur Einreichung der Klageantwort verpasst hat, eine kurze Nachfrist angesetzt wird.

### cc) Replik, Duplik (Art. 214 VE)

In der Regel erhalten die Parteien in der Folge die Möglichkeit der Erstattung einer schriftlichen Replik oder Duplik. Hat die beklagte Partei keine Klageantwort eingereicht, entfällt die Möglichkeit der Verfassung einer Replik, erstattet die klagende Partei keine Replik, gibt es auch keine Duplik. Um den Prozess zu beschleunigen, kann das Gericht aber anordnen, dass Replik und Duplik an der mündlichen Hauptverhandlung vorgetragen werden.

### dd) Neue Tatsachen und Beweismittel, Klageänderung (Art. 215 und 216 VE)

#### aaa) Neue Tatsachen und Beweismittel

Gemäss der heutigen Fassung im Vorentwurf ist das Vorbringen neuer Tatsachen und Beweismittel noch in der Replik und Duplik zugelassen.

Später sind neue Tatsachen und Beweismittel nur noch unter besonderen Voraussetzungen zulässig, so wenn sie sofort vorgebracht werden und ihr Vorbringen auch bei zumutbarer Sorgfalt nicht vorher möglich gewesen war. Dies gilt jedoch nur für sogenannte unechte Noven, echte Noven, also Tatsachen, welche erst nach Replik oder Duplik entstehen, dürfen im späteren Verlauf des Verfahrens grundsätzlich immer geltend gemacht werden. Neue Tatsachen (unechte oder echte Noven) und Beweismittel, welche durch die Ausübung des richterlichen Fragerechts veranlasst worden sind, können ebenfalls noch nach Replik und Duplik in den Prozess eingebracht werden. Es besteht heute noch eine Variante für eine zusätzliche Bestimmung, wonach Noven auch später zugelassen werden, sofern sie durch Urkunden sofort beweisbar sind (Art. 215 VE). Findet diese zusätzliche Bestimmung Eingang in die Schweizerische ZPO würden die Bestimmungen über das Novenrecht praktisch den heute geltenden Bestimmungen im Kanton Zürich entsprechen.

Findet diese zusätzliche Bestimmung keinen Eingang in die Schweizerische ZPO wäre meines Erachtens das Novenrecht zu eng ausgestaltet. Nicht zu vergessen ist, dass eine klagende oder beklagte Partei dann keine Möglichkeit mehr hat, unechte Noven in ihrer zweiten Rechtsschrift oder in ihrem zweiten Parteivortrag (Replik oder Duplik) in den Prozess einzubringen, sofern die beklagte Partei keine Klageantwort verfasst oder die klägerische Partei auf die Erstattung einer Replik verzichtet hat. Die Parteien tun daher gut daran, wenn sie bereits in der Klageantwort alles vorbringen, was für den Prozess relevant ist. Die Parteien haben es in der Hand, der anderen Partei die grundsätzliche Möglichkeit des Einbringens von neuen Tatsachen und Beweismitteln in der zweiten Rechtsschrift oder im zweiten Parteivortrag zu vereiteln.

### bbb) Klageänderung
Der Text des Vorentwurfes ist uns Zürchern nicht fremd, wird eine Klageänderung doch unter den Voraussetzungen zugelassen, sofern der neue oder weitere Anspruch mit dem bisherigen in einem sachlichen Zusammenhang steht und vom gleichen Gericht im gleichen Verfahren zu beurteilen ist (Art. 216 VE).

## b) Vorbereitung der Hauptverhandlung (Art. 217–219 VE)

### aa) Vorbereitungsverhandlung (Art. 217 VE)
Bei der Vorbereitungsverhandlung handelt es sich um eine sogenannte Referentenaudienz, um eine gerichtliche Vergleichsverhandlung, welche seitens des Gerichtes angeordnet werden kann, um zu versuchen, unter Mitwirkung des Gerichtes eine gütliche Einigung zu finden. Festzuhalten ist, dass der Vorentwurf eine solche Vorbereitungsverhandlung in jedem Verfahrensstadium zulässt, so kann sie beispielsweise bereits

nach Einreichung der Klage, aber auch allenfalls erst nach Abschluss des Schriftenwechsels oder gar nach Erstattung eines Gutachtens, durchgeführt werden.

**bb) Beweisverfügung, qualifizierte Beweisverfügung (Art. 218 und 219 VE)**

Auch nach den Bestimmungen des Vorentwurfes werden Beweisabnahmen durch eine Beweisverfügung seitens des Gerichtes angeordnet. In der Verfügung wird die beweisführende Partei, die zu beweisenden Tatsachen und die Beweismittel bezeichnet (Art. 218 VE).

Handelt es sich um einen aufwändigen Prozess, kann analog dem heute im Kanton Zürich geltenden Recht seitens des Gerichtes zuerst ein sogenannter Beweisauflagebeschluss erlassen werden, woraus ersichtlich wird, welche Tatsachen im einzelnen zu beweisen sind und welcher Partei hiefür der Hauptbeweis auferlegt wird. Im Anschluss daran haben die Parteien ihre Beweisantretungsschriften zu verfassen, d.h. sie müssen die bereits beantragten Beweismittel (keine noch nicht genannten, ausser unter den Voraussetzungen der Zulässigkeit von neuen Beweismitteln nach Art. 215 VE) den als beweisbedürftigen Tatsachen zuordnen. Nach Zustellung der Beweisantretungsschriften an die Parteien erlässt das Gericht die Beweisverfügung.

**c) Hauptverhandlung (Art. 220–226 VE)**

**aa)** Hat das Gericht nach Erstattung der Klageantwort durch die beklagte Partei angeordnet, dass Replik/Duplik mündlich erstattet werden, so erhalten die Parteien eingangs der Verhandlung die Möglichkeit, ihre Parteivorträge zu halten. Wie bereits früher ausgeführt, besteht in diesem Stadium die uneingeschränkte Möglichkeit, neue Tatsachen und Beweismittel einzubringen (Art. 215 VE).

Eine Klageänderung ist nach erstatteter Replik/Duplik nur noch unter der engen Voraussetzungen zulässig, dass sie mit neuen Tatsachen begründet werden kann, nebst dem Bejahen eines sachlichen Zusammenhangs mit dem bisherigen, und dass die gleiche Verfahrensart vorgesehen ist (Art. 221 VE).

**bb)** Anlässlich der Hauptverhandlung findet in der Regel die Beweisabnahme statt und den Parteien wird im Anschluss daran die Möglichkeit eingeräumt, zum Beweisergebnis und zur Rechtsanwendung Stellung zu nehmen (Art. 222 und 223 VE). Allerdings kann die Beweisabnahme bereits vor der Hauptverhandlung durch das Gericht oder durch eine Delegation des Gerichtes stattfinden (Art. 149 und 217 VE). Dem

Bericht zum Vorentwurf der Expertenkommission ist zu entnehmen, dass eine Beweisabnahme vor dem urteilenden Gericht nur stattfinden soll, sofern eine Partei dies verlangt und nicht wichtige Gründe dagegen sprechen. Die Parteien können auf die Durchführung einer Hauptverhandlung verzichten. Beantragen sie, dass schriftliche Parteivorträge eingereicht werden, ist ihnen Frist zur Einreichung derselben anzusetzen (Art. 224 VE).

cc) Bleibt eine Partei der Hauptverhandlung fern, werden ihre fristgerecht eingereichten Eingaben berücksichtigt und im übrigen hört das Gericht die erscheinende Partei an und legt deren Vorbringen und die gesamten Akten dem Entscheid zugrunde. Es gibt mithin keine eigentlichen Säumnisfolgen (Art. 225 VE).

dd) Die Pflicht zur Führung eines Protokolls bleibt weiterhin bestehen (Art. 226 VE).

## 3. Das Entscheidverfahren (Art. 227–234 VE)

Was das Entscheidverfahren anbelangt, erfährt dieses keine wesentlichen Änderungen, weshalb darauf im einzelnen nicht weiter eingegangen wird. Nach wie vor können Endentscheide sowie unter einzelnen Umständen Zwischenentscheide gefällt werden und die Parteien können auf die Durchführung einer mündlichen Urteilsberatung verzichten (Art. 227–229 VE). Neu ist vorgesehen, und dies ist im internationalen Verhältnis von Bedeutung, dass auf Antrag einer Partei das Gericht das Dispositiv nur zusammen mit der schriftlichen Begründung eröffnet. Somit wird verhindert, dass das Dispositiv bereits bekannt, aber mangels Begründung noch nicht vollstreckbar ist. Nach Eröffnung des Urteils haben die Parteien die Möglichkeit, auf die Ergreifung eines Rechtsmittels zu verzichten, wobei dann das Urteil nicht schriftlich zu begründen ist (Art. 230 und 231 VE). Andernfalls ist das Urteil zu begründen (Art. 232 VE). Kann ein Entscheid mit keinem ordentlichen Rechtsmittel mehr angefochten werden, wird er mit der Entscheidfällung, und nicht erst mit der Zustellung an die Parteien, formell rechtskräftig.

Sylvia Frei

## III. Besondere Verfahren (Art. 235–274 VE)

Als besondere Verfahren gelten das vereinfachte Verfahren, das Scheidungsverfahren, das Verfahren betreffend Kinderbelange und das Summarverfahren, wobei die ersten drei Verfahren als besondere ordentliche Verfahren bezeichnet werden.

### 1. Allgemeine Bestimmungen (Art. 235 und 236 VE)

Wir finden im Vorentwurf zwei allgemeine Vorschriften. Die erste regelt das Verhältnis zum ordentlichen Verfahren und hält fest, dass die Vorschriften des ordentlichen Verfahrens Anwendung finden, soweit das Gesetz nichts anderes vorschreibt, und dass der Bundesrat bei diesen Verfahren in Abweichung vom ordentlichen Verfahren den Parteien für Klage und Klageantwort Formulare zur Verfügung zu stellen hat, welche einfach auszufüllen sind und daher auch von einer rechtsunkundigen Partei ausgefüllt und dem Gericht eingereicht werden können. Allerdings ist der Gebrauch solcher Formulare fakultativ.

### 2. Vereinfachtes Verfahren (Art. 237–241 VE)

a)  Das vereinfachte Verfahren gilt für Streitigkeiten, für welche bereits das geltende Recht ein einfaches und rasches Verfahren verlangt, so bei
   – Miet- und Pachtstreitigkeiten;
   – Streitigkeiten aus dem Arbeitsverhältnis, und zwar unabhängig vom Streitwert, was neu ist, und aus privater Arbeitsvermittlung;
   – Streitigkeiten nach dem Mitwirkungs- und Gleichstellungsgesetz, sowie Klagen zur Durchsetzung des Auskunftsrechts nach dem Datenschutzgesetz;
   – Streitigkeiten betreffend Verwandtenunterstützung;
   – Unterhaltsstreitigkeiten zwischen einem Kind und einem Elternteil oder den Eltern gemäss Art. 276 ff. ZGB;
   – sowie für alle vermögensrechtlichen Streitigkeiten, sofern der Streitwert Fr. 10000.– nicht übersteigt.
   Was die vermögensrechtlichen Streitigkeiten anbelangt, sind im Moment noch Anregungen da, den Streitwert auf Fr. 20000.– zu erhöhen.
b)  Ich möchte vorweg in Erinnerung rufen, dass beim vereinfachten Verfahren zwingend ein Schlichtungsverfahren vorausgehen muss (Art. 192 Abs. 3 VE), und dass bei Streitigkeiten aus Miete, Pacht und bei arbeitsrechtlichen Streitigkeiten bis Fr. 30000.– seitens der Schlichtungsbehörde ein Urteilsvorschlag gemacht werden kann, sowie dass bei Streitigkeiten bis zu Fr. 1000.– Streitwert auf Verlangen der klagenden Partei direkt ins Entscheidverfahren übergegangen werden kann.

**Die Vereinfachungen gegenüber dem ordentlichen Verfahren sind zusammengefasst die folgenden:**

– Formulare für Klage und Klageantwort;
– zusätzliche Beschränkung der Widerklage, diese ist nur noch zulässig, sofern sie dasselbe Rechtsverhältnis wie die Hauptklage betrifft und das mit der Vorklage befasste Gericht auch mit Bezug auf den Streitwert sachlich zuständig bleibt;
– kein zweiter Schriftenwechsel und i. d. R. Mündlichkeit;
– aktiveres Fragerecht des Gerichtes;
– teilweise Untersuchungsmaxime so bei Miete und Pacht, landwirtsch. Pacht, Arbeitsverhältnis bis zu einem Streitwert von Fr. 30 000.– und nach dem Arbeitsvermittlungsgesetz, Gleichstellungs- und Mitwirkungsgesetz und bei Prozessen betreffend die Verwandtenunterstützung und der Unterhaltspflicht der Eltern gegenüber dem Kind;
– erleichtertes Novenrecht, welches bis zu den Schlussvorträgen unbeschränkt zulässig ist;
– Kostenerleichterungen, so kostenloses Schlichtungsverfahren bei gewissen Streitigkeiten, so aus Miete und Pacht, landw. Pacht, Arbeitsverhältnis und Arbeitsvermittlungsgesetz, Gleichstellungs- und Mitwirkungsgesetz, sowie kostenloses Gerichtsverfahren bei Streitigkeiten aus dem Arbeitsverhältnis bis zu einem Streitwert von Fr. 30 000.– und aus dem Gleichstellungs- und Mitwirkungsgesetz;
– Möglichkeit, das Verfahren auch ohne Anwälte zu führen (so die Expertenkommission).

c) Vorgegeben sind auch kurze Fristen, so zur Abfassung der Klageantwort (1 Monat), diese Frist kann nur aus wichtigen Gründen und einmal erstreckt werden. Überdies wird dem Gericht aufgegeben, sofort nach Eingang der Klageantwort die Hauptverhandlung anzusetzen. Das Gericht hat auch die Möglichkeit sofort nach Eingang der Klage die Hauptverhandlung anzusetzen, sofern es die Einholung einer Klageantwort als unnötig erachtet.

## 3. Das Scheidungsverfahren (Art 242–251 VE)

a) Dieses erfährt gegenüber heute keine Änderungen. Es werden die Bestimmungen des Scheidungsrechtes, Art. 135–143 ZGB, praktisch unverändert übernommen, was zu einer ersatzlosen Streichung der entsprechenden Artikel im ZGB führen wird.

b) Übernommen werden aus dem ZGB auch die Bestimmungen von Art. 148 und 149, „Rechtsmittel", weshalb auch diese Vorschriften im ZGB gestrichen werden.

c) Die Eheungültigkeitsklage richtet sich ebenfalls nach den Vorschriften über die Scheidungsklage.

## 4. Verfahren betreffend Kinderbelange (Art. 252–257 VE)

### a) Allgemeine Bestimmungen (Art. 252–255 VE)

Die neue Schweizerische Zivilprozessordnung wird nun auch das Verfahren betreffend Kinderbelange regeln. In den allgemeinen Bestimmungen wird geregelt, dass dieses Verfahren dadurch gekennzeichnet ist, dass das Gericht den Sachverhalt von Amtes wegen abzuklären hat (ausgedehnte Untersuchungsmaxime), und dass es bei seiner Entscheidung nicht an die Anträge der Parteien gebunden ist (Offizialmaxime), sondern sich vom „Kindeswohl" leiten lässt. Dies entspricht der heutigen Vorgabe gemäss Art. 145 ZGB.

Praktisch unverändert übernommen werden im allgemeinen Teil des Vorentwurfes die Vorschriften aus dem ZGB betreffend Anhörung der Kinder und Bestellung eines Beistandes für die Kinder. Im Vorentwurf wird geregelt, dass das Kind mit Rekurs anfechten kann, wenn das Gericht keine Anhörung durchführt oder auf sein Begehren hin keinen Beistand ernennt. Im Vorentwurf nicht mehr enthalten ist die Bestimmung von Art. 147 Abs. 3 ZGB, wonach dem Kind keine Gerichts- oder Parteikosten auferlegt werden dürfen.

Der Anhang zum Vorentwurf sieht die Streichung der Art. 144–147 ZGB vor.

### b) Verfahren auf Feststellung und Anfechtung des Kindesverhältnisses (Art. 256 und 257 VE)

Bereits im ersten Abschnitt des Kapitels betreffend Verfahren in Kinderbelangen ist die ausgedehnte Untersuchungs- und die Offizialmaxime statuiert worden. Diese Bestimmungen gelten mithin auch für das Verfahren auf Feststellung und Anfechtung des Kindesverhältnisses und führen zur Streichung der entsprechenden Artikel im ZGB, so Art. 254 und 280. Da Art. 280 Abs. 3 ZGB überdies die Möglichkeit der Verbindung der Vaterschafts- mit der Unterhaltsklage vorsieht und bei einer gänzlichen Streichung von Art. 280 ZGB dies nicht mehr geregelt wäre, übernimmt der Vorentwurf in seinem Art. 256 den Wortlaut von Art. 280 Abs. 3 ZGB.

In Art. 257 VE werden Vorschriften über die vorsorglichen Massnahmen erlassen, welche inhaltlich denjenigen der Art. 281–284 ZGB entsprechen, was zu einer Streichung dieser Artikel im ZGB führen wird.

Verfahrensarten

## 5. Das summarische Verfahren (Art. 258–274 VE)

### a) Allgemeines (Art. 258–260 VE)

Der VE sieht für dieses Verfahren eine Beweismittelbeschränkung vor, so zum einen, dass nur sofort verfügbare Beweise abgenommen werden und zum anderen, dass es genügt, wenn die Tatsachen glaubhaft gemacht worden sind, wobei letzteres v.a. bei vorsorglichen Massnahmen gilt. Die Fristen sind kürzer und die Säumnisfolgen strenger als im ordentlichen Verfahren und es gibt keine Gerichtsferien, was zur Beschleunigung des Prozesses beitragen soll.

Anwendbar ist dieses Verfahren gemäss Art. 258 VE in den Fällen, wo das Gesetz dies vorsieht, sowie auf den schnellen Rechtsschutz, auf die freiwillige Gerichtsbarkeit, auf den Besitzesschutz unter Strafandrohung und wenn es sich aus der Natur der Sache zwingend ergibt.

Die Art. 259 und 260 VE zählen auf, in welchen Bereichen des ZGB und OR das summarische Verfahren zur Anwendung kommt und entspricht in etwa dem, was die zürcherische Prozessordnung heute ebenfalls ins summarische Verfahren verweist, so u.a. im Familienrecht Anweisung an den Schuldner nach Art. 132 ZGB, Auskunftpflicht der Ehegatten über Einkommen und Vermögen nach Art. 170 Abs. 2 ZGB, Massnahmen zum Schutz der ehelichen Gemeinschaft (Art. 172–179 ZGB) etc.. Dann im Bereich des Erbrechtes, so z.B. Sicherstellung bei Beerbung einer verschollenen Person, im Bereich des Sachenrechtes z.B. für die vorläufige Eintragung gesetzlicher Grundpfandrechte nach Art. 712i, 779d, 779k, 837–839 ZGB). Im Bereich des Obligationenrechtes ist das summarische Verfahren z.B. vorgesehen im Bereich der „Hinterlegung", Ausweisung von Mieter und Pächter, Ansetzung einer Frist zur Sicherstellung bei Lohngefährdung, vorläufiger Entzug der Vertretungsbefugnis im Bereich des Gesellschaftsrechts und weiteren Bereichen im Gesellschaftsrecht.

### b) Verfahren und Entscheid (Art. 261–265 VE)

Eingeleitet wird das Verfahren durch schriftliches Gesuch unter Beilage allfälliger Urkunden und die Gegenpartei erhält Gelegenheit zur mündlichen oder schriftlichen Stellungnahme, sofern dem Gericht das Gesuch nicht von vornherein als offensichtlich unzulässig oder unbegründet erscheint.

Die Erhebung einer Widerklage ist ausgeschlossen und als Beweismittel sind grundsätzlich nur Urkunden zugelassen. Weitere Beweismittel werden unter der Voraussetzung zugelassen, dass sie das Verfahren nicht wesentlich verzögern oder, wenn die Sache nicht in das ordentliche Verfahren verwiesen werden kann, so z.B. bei der freiwilligen Gerichtsbarkeit.

Ob das Gericht nach Einholung einer Gesuchsantwort aufgrund der Akten entscheidet oder die Gesuchsantwort anlässlich einer Verhandlung mündlich einholt, liegt im freien richterlichen Ermessen. Jedenfalls findet bei Einholung einer schriftlichen Gesuchsantwort kein weiterer Schriftenwechsel statt.

In Abweichung zum ordentlichen Verfahren wird der Entscheid immer schriftlich mit einer kurzen Begründung eröffnet (Art. 265 Abs. 2 VE).

c) **Schneller Rechtsschutz in klaren Fällen (Art. 266 und 267 VE)**
Dieses Verfahren ist der zürcherischen Zivilprozessordnung nachgebildet und findet dort seine Anwendung, wo ein Sachverhalt unbestritten oder anerkannt ist oder sofern er sofort beweisbar ist. Ferner muss die Rechtslage klar sein. Ausgeschlossen ist der schnelle Rechtsschutz aber dort, wo die Parteien über einen Streitgegenstand nicht frei verfügen können.

Die klagende Partei kann selbst wählen, ob sie ihren Streitgegenstand im schnellen Rechtsschutz oder allenfalls im ordentlichen, oder bei den entsprechenden Voraussetzungen, im vereinfachten Verfahren beurteilt haben will.

Zu beachten ist, dass ein im schnellen Rechtsschutz ergangener Sachentscheid volle materielle Rechtskraft hat (Art. 267 Abs. 3 VE).

d) **Freiwillige Gerichtsbarkeit (Art. 268–270 VE)**
Mit Bezug auf die freiwillige Gerichtsbarkeit haben die Kantone die sachliche Zuständigkeit unterschiedlich geregelt. Dies soll auch unter der neuen Schweizerischen Zivilprozessordnung so bleiben, so dass nach wie vor die Kantone sowohl Gerichte als auch Verwaltungsbehörden als sachlich zuständig erklären können.

Das Verfahren der freiwilligen Gerichtsbarkeit wird von der Untersuchungsmaxime beherrscht. Weiter entfaltet der Entscheid keine volle Rechtskraftwirkung, sondern kann im nachhinein ausserhalb eines förmlichen Rechtsmittelverfahrens aufgehoben oder abgeändert werden, wenn sich der Entscheid als unrichtig erweist. Einzige Schranke ist die Rechtssicherheit oder wenn eine gesetzliche Norm dem entgegenstehen würde.

e) **Besitzesschutz unter Strafandrohung (Art. 271–274 VE)**
Ein Besitzer oder eine Besitzerin eines Grundstückes kann beim Gericht beantragen, dass jede Besitzesstörung zu unterlassen ist und im Widerhandlungsfall mit Busse (auf entsprechenden Antrag hin) geahndet wird. Das Verbot wird öffentlich bekanntgemacht, sofern es sich nicht gegen eine bestimmte Person richtet, andernfalls wird es der bestimmten Person eröffnet.

Erfolgt innert 20 Tagen eine Einsprache gegen dieses Verbot wird dieses unwirksam und der Besitzer oder die Besitzerin muss innert Monatsfrist Klage auf Bestätigung des Verbotes erheben.

# IV. Vorsorgliche Massnahmen und Schutzschrift (Art. 275–285 VE)

## 1. Vorsorgliche Massnahmen (Art. 275–284 VE)

Die im Vorentwurf für die neue Schweizerische Zivilprozessordnung vorgesehenen Bestimmungen über die vorsorglichen Massnahmen sehen eine Vereinheitlichung vor, indem sie auf das gesamte Bundesprivatrecht anwendbar sind und ersetzen die im heute geltenden materiellen Recht verstreuten Einzelvorschriften. Vorbehalten bleiben aber weiterhin die besonderen Bestimmungen im ZGB über die erbrechtlichen Sicherungsmassregeln.

Zusammengefasst werden vom Gericht auf Antrag einer Partei oder in Verfahren, bei welchen die Offizialmaxime gilt von Amtes wegen, vorsorgliche Massnahmen erlassen, wenn glaubhaft gemacht wird, dass einer Partei sonst ein nicht leicht wieder gutzumachender Nachteil droht. Vorgesehen ist hierzu das summarische Verfahren.

Das Gesuch um Erlass vorsorglicher Massnahmen kann bereits vor Rechtshängigkeit der Hauptsache gestellt werden, was dazu führt, dass das Gericht der gesuchstellenden Partei Frist zur Einreichung der Klage ansetzt.

Bei besonderer Dringlichkeit gibt es die bereits heute bekannte Möglichkeit des Erlasses von superprovisorischen Massnahmen, also ohne vorgängige Anhörung des/r Gesuchgegners/in.

Vorsorgliche Massnahmen sind weiterhin nachträglich abänderbar oder können aufgehoben werden und fallen mit der Rechtskraft des Entscheides in der Hauptsache dahin.

Anfechtbar sind Entscheide über vorsorgliche Massnahmen mit Rekurs und das entscheidende Gericht hat im Entscheid auch die erforderlichen Vollstreckungsmassnahmen anzuordnen.

## 2. Schutzschrift (Art. 285 VE)

Mit der Aufnahme von Art. 285 im Vorentwurf würde eine Neuerung Eingang in die Schweizerische ZPO finden. Art. 285 VE hält fest, dass jemandem, der Grund zur Annahme hat, dass gegen ihn eine superprovisorische Massnahme, ein Arrest nach den Artikeln 271–281 SchKG oder eine Vollstreckbarerklärung nach den Artikeln 31–45 des LugÜ beantragt wird, die Möglichkeit geboten wird, seinen Standpunkt vorsorglich in einer sogenannten Schutzschrift zuhanden des zuständigen Gerichtes darzulegen. Nach Ablauf von 6 Monaten ab Einreichung wird die Schutzschrift unbeachtlich.

## V. Säumnis und Wiederherstellung (Art. 142–144 VE)

Diese Bestimmungen interessieren naturgemäss die forensisch tätigen Anwälte. Was die Säumnis anbelangt sind die im Vorentwurf aufgestellten Regelungen nicht fremd, Säumnis liegt vor, wenn ein Partei eine Prozesshandlung nicht fristgerecht vornimmt, und dass das Verfahren in der Regel unbesehen davon seinen Fortgang nimmt. Voraussetzung für diese Säumnisfolgen ist, dass das Gericht die Parteien vorgängig darauf hinweist.

Als Ausnahmen von dieser Regel sind die Fälle zu erwähnen, wo das Gesetz dies gesondert vorsieht, so u. a. bei Vorschüssen für Gerichtskosten und Sicherheitsleistungen für Prozesskosten, bei mangelhaften Eingaben zufolge fehlender Unterschrift, fehlender Vollmacht und dergleichen etc..

Mit Bezug auf die Wiederherstellung einer versäumten Frist ist die vorgesehene Lösung sehr viel restriktiver, als wir Zürcher dies gewohnt sind. Eine Wiederherstellung einer versäumten Frist wird nur unter der Voraussetzung gewährt, dass die säumige Partei kein oder nur ein leichtes Verschulden trifft, wobei dies nur glaubhaft gemacht werden muss. Das Gesuch um Wiederherstellung der Frist muss innerhalb von 10 Tagen nach Wegfall des Hindernisses gestellt werden. Die Möglichkeit der Wiederherstellung einer Frist fällt aber in jedem Fall gänzlich dahin, sofern seit Rechtskraft des Entscheides mehr als ein Jahr verstrichen ist.

Zusammenfassend kann festgehalten werden, dass diese Vorschriften nach Meinung der Referierenden zu restriktiv sind, wohl im Wissen darum, dass die Frist zur Stellung eines Wiederherstellungsgesuches gegenüber den heute geltenden Vorschriften auf Bundesebene gelockert wurden (Wiederherstellung nur bei unverschuldetem Hindernis), dagegen wurde die Voraussetzung hinsichtlich der Frist des Gesuches des Wiederherstellungsgesuches eingeengt, ist diese doch neu auf 10 Tage, und nicht mehr, wie bis anhin, auf 30 Tage, festgesetzt worden.

# Das neue Beweisverfahren

Annette Dolge

**Inhalt**

I. Einleitung . . . . . . . . . . . . . . . . . . . . . . . . . . . . . . . . . . . . . 34

II. Allgemeines . . . . . . . . . . . . . . . . . . . . . . . . . . . . . . . . . . . 34
    1. Beweisgegenstand . . . . . . . . . . . . . . . . . . . . . . . . . . . . . 34
    2. Recht auf den Beweis . . . . . . . . . . . . . . . . . . . . . . . . . . . 35
    3. Beweislast für prozessuale Rechte . . . . . . . . . . . . . . . . . 36

III. Mitwirkungspflicht und Verweigerungsrecht . . . . . . . . . . . 37

IV. Beweismittel . . . . . . . . . . . . . . . . . . . . . . . . . . . . . . . . . . 39
    1. Zeugnis . . . . . . . . . . . . . . . . . . . . . . . . . . . . . . . . . . . . 39
    2. Urkunde . . . . . . . . . . . . . . . . . . . . . . . . . . . . . . . . . . . . 40
    3. Augenschein . . . . . . . . . . . . . . . . . . . . . . . . . . . . . . . . . 41
    4. Gutachten . . . . . . . . . . . . . . . . . . . . . . . . . . . . . . . . . . . 42
    5. Schriftliche Auskunft . . . . . . . . . . . . . . . . . . . . . . . . . . . 44
    6. Beweisaussage . . . . . . . . . . . . . . . . . . . . . . . . . . . . . . . 44

V. Verfahrensmässige Besonderheiten . . . . . . . . . . . . . . . . . . 45
    1. Der Ablauf des Beweisverfahrens im ordentlichen Verfahren . . . . . . 45
    2. Das Beweisverfahren in den besonderen Verfahren . . . . . . . . . . 48

VI. Fazit . . . . . . . . . . . . . . . . . . . . . . . . . . . . . . . . . . . . . . . . 49

## I. Einleitung

Die folgenden Ausführungen sollen einen Überblick über das Beweisrecht des Vorentwurfs der Expertenkommission (VE; Stand: September 2002) vermitteln. Es werden Gemeinsamkeiten und Unterschiede im Vergleich zum geltenden kantonalen Prozessrecht aufgezeigt, insbesondere im Verhältnis zu jenen Kantonen, welche dem Zürcher Rechtskreis zugerechnet werden. Zunächst wird auf einige allgemeine Grundsätze und die vorgesehenen Beweismittel eingegangen. Anschliessend wird der Ablauf des Beweisverfahrens gemäss Vorentwurf erläutert.

## II. Allgemeines

### 1. Beweisgegenstand

Der Beweisgegenstand wird in Art. 145 VE entsprechend dem geltenden Recht umschrieben. Gegenstand des Beweises bilden vor allem *rechtserhebliche, streitige Tatsachen* (Art. 145 Abs. 1). Ausserdem kann das Gericht Übung und Ortsgebrauch sowie nach dem Grundsatz von Art. 16 IPRG ausländisches Recht zum Gegenstand des Beweises machen (Art. 145 Abs. 4). Streitig sind grundsätzlich alle Tatsachen, die nicht zugestanden sind. Das Zugeständnis einer Partei kann ausdrücklich oder stillschweigend (konkludent) sein. Letzteres ist beispielsweise anzunehmen, wenn die klagende Partei eine prozessentscheidende Tatsache behauptet, die beklagte Partei sich dazu aber überhaupt nicht äussert.

Es obliegt der beweisbelasteten Partei die rechtserheblichen Tatsachen zu behaupten und zu beweisen. Das gilt jedenfalls im Anwendungsbereich von Dispositions- und Verhandlungsmaxime, welche den ordentlichen Zivilprozess beherrschen. Unter der Herrschaft der Untersuchungsmaxime ersetzt hingegen das Zugeständnis den Beweis nicht zwingend. So hat das Gericht beispielsweise im Rahmen eines Scheidungsverfahrens, bei welchem die Eltern übereinstimmend die Zuteilung der elterlichen Sorge an die Mutter beantragen gleichwohl Abklärungen über ihre Eignung als Sorgerechtsinhaberin zu treffen, wenn es daran Zweifel hat. Anders hingegen im Bereich der Verhandlungsmaxime, wenn die Klägerin z.B. behauptet, gegenüber der Beklagten eine Forderung von Fr. 20 000.– aus Darlehen zu haben. Wehrt sich die Beklagte dagegen nicht, wird sie zur Bezahlung der Fr. 20 000.– verurteilt; ein Beweisverfahren ist nicht nötig. Das ist bisherige schweizerische Rechtspraxis.

Erwähnenswert und etwas aussergewöhnlich ist Art. 145 Abs. 3. Die Bestimmung lautet wie folgt: „Sind wegen Säumnis einer Partei Tatsachenbehauptungen der Gegenpartei unbestritten geblieben, so wird trotzdem darüber Beweis geführt, wenn Gründe vorliegen, an der Richtigkeit der Behauptungen zu zweifeln." Bestehen also Zweifel an der Richtigkeit der einseitig behaupteten und von der Gegenpartei nicht bestrittenen Tatsachen, so kann das Gericht – in Abweichung von der Verhandlungsmaxime! – zur Feststellung des wahren Sachverhalts gleichwohl Beweiserhebungen anordnen. Solche drängen sich nach Meinung der Expertenkommission auf, wenn das Gericht befürchtet, seinen Entscheid auf einen unzutreffenden Sachverhalt abstützen zu müssen. Mit der entsprechenden Beweiserhebung soll verhindert werden, dass eine Partei die Säumnis der andern treuwidrig ausnützt. Das ist von der Expertenkommission gut gemeint, bedeutet aber einen markanten Einbruch in die Verhandlungsmaxime. Dieser lässt sich m. E. nur rechtfertigen, wenn die Bestimmung zurückhaltend angewendet wird und auf Fälle missbräuchlicher Ausnutzung der Säumnis beschränkt bleibt. Sie darf nicht dazu dienen, nachlässiges Prozessieren zu belohnen. Immerhin ist daran zu erinnern, dass zu Lasten einer Partei, die sich ungenügend verteidigt, auch auf die unbestritten gebliebenen Behauptungen der Gegenpartei abgestellt wird[1]. Eine Partei, die wegen Säumnis nichts bestritten hat, sollte grundsätzlich nicht besser gestellt werden, als eine Partei, die ungenügend bestritten hat. Säumnis setzt zudem nicht nur das Verpassen der Klageantwortfrist, sondern auch der obligatorischen Nachfrist voraus (Art. 212). Bei nur leichtem Verschulden an der Säumnis kann zudem eine Wiederherstellung der Frist verlangt werden (Art. 143). Unter diesen Umständen erscheint Art. 145 Abs. 3 m. E. entbehrlich. Es gehört eben zum Schicksal des Zivilgerichts, dass es aufgrund der – allenfalls auch unvollständigen – Parteivorbringen entscheiden muss und – ausser in Verfahren mit Untersuchungsgrundsatz, d. h. insbesondere in Kindsbelangen – keine amtswegien Abklärungen vorzunehmen hat.

## 2. Recht auf den Beweis

Das Recht auf den Beweis wird in Art. 147 Abs. 1 ausdrücklich festgehalten. Es ist Ausfluss des rechtlichen Gehörs und schliesst die Befugnis ein, für rechtserhebliche Sachvorbringen zum Beweis zugelassen zu werden, *sofern das Beweismittel tauglich ist und form- und fristgerecht angeboten* wurde. Art. 147 Abs. 2 erwähnt die sog. *antizipierte Beweiswürdigung*, d. h. dass das Gericht beantragte Beweismittel ablehnen darf, wenn es sie entweder zum vornherein nicht für geeignet hält oder aber weil es seine Überzeugung bereits aus andern Beweismitteln gewonnen hat und davon ausgeht, dass weitere Abklärungen am massgebenden Beweisergebnis nichts mehr zu ändern vermöchten. Die Berücksichtigung *illegal beschaffter Beweismittel* ist im Vorentwurf eher restriktiver umschrieben als heutzutage üblich. Art. 147 Abs. 3 bestimmt, dass das Gericht

---

1 Eine gewisse Korrektur ist allenfalls über die gerichtliche Fragepflicht möglich.

in der Regel keine rechtswidrig beschafften Beweismittel berücksichtigt[2]. Unter rechtswidrig beschafften Beweismitteln sind gestohlene Urkunden, unter Verletzung von Persönlichkeitsrechten entstandene Bild- und Tonaufnahmen und dergleichen zu verstehen. Die gesetzliche Regelung entspricht dem Grundsatz, dass Unrecht nicht der Durchsetzung von Recht dienen darf. Andererseits wäre es problematisch, illegal erlangte Beweismittel generell auszuschliessen, vor allem wenn es sich beim betreffenden Beweismittel um das einzige und prozessentscheidende Beweismittel handelt. Ein absolutes Verbot kommt daher auch nach Meinung der Expertenkommission nicht in Frage. Gemäss bisheriger Praxis in den Kantonen ist im Einzelfall eine Abwägung zwischen der Schwere der rechtswidrigen Beschaffungshandlung einerseits und dem Interesse der beweisführenden Partei an der Beweisbarkeit des wahren Sachverhalts andererseits vorzunehmen[3]. An dieser Güterabwägung hält der Vorentwurf grundsätzlich fest, doch hat sich das Gericht dabei von der Überlegung leiten zu lassen, dass in der Regel keine rechtswidrig erlangten Beweismittel verwendet werden dürfen[4]. In der Praxis dürfte die Regelung allerdings keine grossen Änderungen bringen.

## 3. Beweislast für prozessuale Rechte

Die Beweislast für die Geltendmachung prozessualer Rechte wird in Art. 148 in Übereinstimmung mit Art. 8 ZGB geregelt. Zu beachten ist jedoch, dass die Prozessleitung Sache des Gerichts ist, weshalb dieses z.B. auch auf die Einhaltung der Fristen zu achten und gegebenfalls die notwendigen Abklärung von Amtes wegen zu veranlassen hat. Die Beweisführungslast ist dadurch allenfalls reduziert. Die betreffende Partei trägt aber die (objektive) Beweislast, d.h. die Folgen der Beweislosigkeit, z.B. wenn sie nicht beweisen kann, dass sie eine Prozesshandlung rechtzeitig vorgenommen hat. Ist der Hauptbeweis für die Rechtzeitigkeit einer Eingabe erbracht, vertritt aber die Gegenpartei gleichwohl die Auffassung, die Eingabe sei verspätet erfolgt, trägt sie für diesen Gegenbeweis die Beweislast. Das wird in der Praxis heute schon so gehandhabt –

---

2 Art. 147 Abs. 3 VE entspricht Art. 97 Abs. 2 ZPO SG, s. dazu *Leuenberger/Uffer-Tobler,* Kommentar zur Zivilprozessordnung des Kantons St. Gallen, Bern 1999, Art. 97 N 2.

3 *Leuenberger/Uffer-Tobler (zit. FN 2),* Art. 97 N 2; *Bühler/Edelmann/Killer,* Kommentar zur aargauischen Zivilprozessordnung, Aarau/Frankfurt am Main/Salzburg 1998, Vorbem. §§ 198–269 N 28; *Frank/Sträuli/Messmer,* Kommentar zur zürcherischen Zivilprozessordnung, 3. Aufl., Zürich 1997, vor § 133 ff. N 6, § 140 N 5 ff. m.H.; *Leuch/Marbach/Kellerhals/Sterchi,* Kommentar zur Zivilprozessordnung für den Kanton Bern, 5. Aufl., Bern 2000, Art. 221 N 2a; *Annette Dolge,* Der Zivilprozess im Kanton Schaffhausen im erstinstanzlichen ordentlichen Verfahren, Zürich 2001, S. 292f.

4 *Leuenberger/Uffer-Tobler (zit. FN 2),* Art. 97 N 2b.

in analoger Anwendung von Art. 8 ZGB, Art. 148 bringt hier aber die notwendige Klarstellung.

## III. Mitwirkungspflicht und Verweigerungsrecht

Der Vorentwurf regelt die Pflicht der Parteien und Dritter, an der Beweiserhebung mitzuwirken, in einem separaten Kapitel für alle Formen der Mitwirkung im Beweisverfahren (mit Ausnahme der schriftlichen Auskunft), d.h. für Zeugnis, Beweisaussage, Urkundenedition, Augenschein und die Untersuchung durch Sachverständige (Art. 152). *Gegenüber Dritten* handelt es sich um eine *echte Pflicht,* deren Verletzung Strafe oder notfalls zwangsweise Durchsetzung zur Folge haben kann. Dritte sind für ihre Mitwirkung angemessen zu entschädigen (Art. 152 Abs. 3). *Gegenüber den Parteien* ist die Mitwirkungspflicht dagegen eine *prozessuale Last,* indem ihre Verletzung im Rahmen der Beweiswürdigung (zu Lasten der pflichtwidrigen Partei) berücksichtigt wird (Art. 155 Abs. 2).

Über die *Mitwirkungspflicht Minderjähriger* entscheidet das Gericht nach Ermessen unter Berücksichtigung des Kindeswohls (Art. 152 Abs. 2). Diese Regelung ist sachgerecht und flexibel. Zu Recht wurde auf die Festlegung einer bestimmten Altersgrenze, wie sie noch einige kantonale Prozessordnungen kennen, verzichtet, zumal der generelle Ausschluss von Kindern unter einer bestimmten Altersgrenze nach Rechtsprechung und Lehre eine unzulässige Beweisbeschränkung darstellt[5]. Andererseits kann die Mitwirkungspflicht eines Minderjährigen auch über einer bestimmten Altersgrenze im Einzelfall unter dem Gesichtspunkt des Kindeswohls nicht gerechtfertigt erscheinen. Das hängt wesentlich vom Beweisthema ab. Beim Entscheid über die Mitwirkungspflicht eines Minderjährigen hat das Gericht alle konkreten Umstände des Einzelfalls zu berücksichtigen, insbesondere das Sinnes- und Denkvermögen des Kindes, seine Beziehungen zu den Parteien, das Beweisthema und die mögliche Beeinträchtigung seines physischen und psychischen Wohls.

Entsprechend der Regelung zahlreicher neuerer Zivilprozessordnungen[6] sieht der Vorentwurf vor, dass das Gericht zur Wahrung schutzwürdiger Interessen der Parteien oder Dritter (insbesondere zur Wahrung von Geschäftsgeheimnissen) die notwendigen *Schutzmassnahmen* anordnen kann (Art. 153). Diese können darin bestehen, dass eine oder beide Parteien, deren Anwälte oder auch Dritte von der Beweisabnahme in bestimmtem Umfang ausgeschlossen werden. In diesem Sinne kann also das Akteneinsichtsrecht der Parteien eingeschränkt werden. Im Einzelfall

---

5 BGE 77 II 23; *Vogel/Spühler,* Grundriss des Zivilprozessrechts, 7. Aufl., Bern 2001, 10 N 66f., 74.
6 § 145 ZPO ZH, Art. 97 ZPO SG, § 206 Abs. 2 ZPO AG, § 142 ZPO LU, Art. 229 Abs. 3, 261 Abs. 2, 276 Abs. 2 ZPO BE.

hat das Gericht das Interesse an der Sachverhaltsermittlung gegen dasjenige an der Geheimhaltung abzuwägen und eine verhältnismässige Massnahme zu treffen[7].

In bestimmten Konstellationen stehen den Parteien und Dritten *besondere Verweigerungsrechte* zu (Art. 155, 156), welche der Mitwirkungspflicht vorgehen. Das Verweigerungsrecht ist bisher vor allem als Zeugnisverweigerungsrecht bekannt, welches sinngemäss auch für die Urkundenedition und weitere Mitwirkungspflichten gilt. Dieses Verweigerungsrecht wird im Vorentwurf nun allgemein für alle Mitwirkungspflichten der Parteien und Dritter geregelt. Die Verweigerungsrechte tragen möglichen Interessen- und Loyalitätskonflikten Rechnung.

Über die Verweigerungsrechte hat das Gericht die Betroffenen *aufzuklären* (Art. 154 Abs. 1). Wurde die Aufklärung unterlassen, dürfen die betreffenden Beweismittel nicht verwertet werden, es sei denn diese werden nach erteilter Belehrung nachträglich bestätigt. Macht eine Person von ihrem Verweigerungsrecht Gebrauch, dürfen aus diesem Umstand keine Schlüsse auf die zu beweisende Tatsache gezogen werden (Art. 154 Abs. 2).

Eine *Partei* kann die Mitwirkung *nur* verweigern, wenn sie sich oder eine ihr nahestehende Person der *Strafverfolgung* aussetzen würde (Art. 155 Abs. 1 lit. b betreffend die strafbare Verletzung von Geschäftsgeheimnissen enthält m. E. keinen zusätzlichen Verweigerungsgrund, sondern ist eigentlich ein Anwendungsfall von lit. a).

*Dritten* steht ein *umfassendes Verweigerungsrecht* zu bei Vorliegen ehelicher oder bestimmter verwandtschaftlicher Beziehungen zu einer Partei (Art. 156). Das Gleiche trifft nun ausdrücklich auch beim „Lebenspartner" einer Partei zu (Art. 156 lit. b); damit ist nicht nur ein Partner einer registrierten Partnerschaft gemeint, sondern auch ein gewöhnlicher Konkubinatspartner. Ein *beschränktes Verweigerungsrecht* hat der Dritte (Art. 157 Abs. 1), soweit er sich oder eine ihm nahestehende Person der Strafverfolgung, einer schweren Beeinträchtigung der Ehre oder einem unmittelbaren finanziellen Nachteil (insbesondere aufgrund von Regressforderungen) aussetzen würde (lit. a), soweit er als Angehöriger einer der von Art. 321 StGB genannten Berufsgruppen zur Geheimhaltung verpflichtet ist (lit. b), soweit er als Mitglied bestimmter Schlichtungsbehörden Tatsachen erfahren hat (lit. c) und als geschiedener Ehegatte hinsichtlich Sachverhalten vor der Scheidung (lit. d). Bei anderen beruflichen Tätigkeiten, die mit einer gesetzlichen Schweigepflicht verbunden sind oder die ein besonderes Vertrauensverhältnis voraussetzen (z. B. Bankangestellte, Psychologen) kann das Gericht die

---

7 *Frank/Sträuli/Messmer (zit. FN 3)*, § 145 N 1ff.; *Leuenberger/Uffer-Tobler (zit. FN 2)*, Art. 97 N 1ff.; *Bühler/Edelmann/Killer (zit. FN 3)*, § 206 N 2ff.; *Studer/Rüegg/Eiholzer*, Der Luzerner Zivilprozess, Luzern 1994, § 142 N 1.

Mitwirkungspflicht unter Umständen erlassen. Das Gericht entscheidet aufgund einer Abwägung zwischen dem Interesse an der Wahrheitsfindung und dem Geheimhaltungsinteresse (Art. 157 Abs. 2). Dabei ist zu berücksichtigen, dass allenfalls auch Schutzmassnahmen angeordnet werden können (Art. 153). In Bezug auf Staatsangestellte des Bundes, der Kantone und Gemeinden hält der Vorentwurf fest, dass sich die Mitwirkungspflicht nach dem Verwaltungsrecht des Bundes und der Kantone richtet (Art. 157 Abs. 3). Das öffentliche Recht bestimmt bei diesen Personen, unter welchem Voraussetzungen sie die Mitwirkung im Rahmen eines Zivilprozesses verweigern können, insbesondere zur Wahrung des Amtsgeheimnisses.

Ist die Mitwirkungspflicht einer Partei oder eines Dritten umstritten, so trifft das Gericht einen *Entscheid*. Zur Durchsetzung der Mitwirkungspflicht gegenüber Drittpersonen kann das Gericht Ordnungsbusse, Strafdrohung nach Art. 292 StGB oder zwangsweise Durchsetzung anordnen. Die *Drittperson* kann den Entscheid mit *Rekurs* anfechten (Art. 158).

Inhaltlich ist die Mitwirkungspflicht und das Verweigerungsrecht nichts wesentlich Neues. Doch sind die Pflichten und Rechte für die verschiedenen Formen der Mitwirkung im Beweisverfahren einheitlich und lückenlos geregelt, was bisher in vielen kantonalen Prozessordnungen nicht der Fall ist. Besonders und gesetzessystematisch m. E. zu begrüssen ist, dass die Mitwirkungspflicht und das Verweigerungsrecht in einem allgemeinen Teil den einzelnen Beweismitteln vorangestellt werden. Dadurch werden die Regelungen bei den einzelnen Beweismitteln entlastet und Wiederholungen vermieden.


## IV. Beweismittel

Art. 159 zählt die zulässigen Beweismittel abschliessend auf, behält aber den Freibeweis in Kindsbelangen ausdrücklich vor. Das entspricht geltendem Recht.


## 1. Zeugnis

Gegenstand des Zeugnisses sind gemäss Art. 160 Tatsachen, welche der Zeuge unmittelbar wahrgenommen hat. Damit geht der Vorentwurf vom direkten Zeugnis aus, ohne allerdings das indirekte Zeugnis (vom Hörensagen) a priori auszuschliessen. Die Regelung über den Zeugenbeweis entspricht weitgehend dem bisher Üblichen, insbesondere auch hinsichtlich der Durchführung der Einvernahme (Art. 161–164 Vorladung, Form und Inhalt der Einvernahme, Ergänzungsfragen). Zur Vermeidung von Beeinflussung wird der Zeuge vor seiner Einvernahme regelmässig von der Verhandlung auszuschliessen sein. Art. 168

formuliert diese Selbstverständlichkeit etwas unverständlich lediglich als Kann-Vorschrift („Das Gericht kann ... Zeugen von der übrigen Verhandlung ausschliessen"). Daraus könnte der Eindruck entstehen, dass die Anwesenheit des Zeugen in der Verhandlung üblich sei. Das ist aber nicht gemeint, auch nach Ansicht der Expertenkommission nicht. Art. 168 sollte deshalb besser umformuliert werden („Der Zeuge ist vor seiner Einvernahme von der Verhandlung ausgeschlossen"). Ausdrücklich vorgesehen ist die *Konfrontationseinvernahme,* welche aber immer erst nach einer Einzeleinvernahme erfolgt (vgl. Art. 162). Der Zeuge kann zur Aufklärung von Widersprüchen in den Aussagen mit anderen Zeugen oder mit den Parteien konfrontiert werden (Art. 165).

Betreffend die *Protokollierung* von Zeugenaussagen sieht Art. 167 – entsprechend der unterschiedlichen Praxis in den Kantonen – eine sehr flexible Lösung vor. Diese gilt kraft Verweisung auch für die Beweisaussage (Art. 186 Abs. 2 i.V.m. Art. 167). Unabdingbar ist, dass nachvollzogen werden kann, was ein Zeuge in Bezug auf relevante Tatsachen ausgesagt hat. Ob diese Aussagen aber auf Tonband aufgenommen, niedergeschrieben oder sonstwie fixiert werden, ob die Protokollierung nur sinngemäss oder wortwörtlich vorzunehmen ist, ob der Zeuge das Protokoll zu unterzeichnen hat oder nicht, sind eher technische Angelegenheiten, bei denen die Gerichte Spielraum haben sollen. Gesuche um *Protokollberichtigung* entscheidet das Gericht (Art. 167 Abs. 2). Der Entscheid ist nur mit Beschwerde anfechtbar.

## 2. Urkunde

Der *Urkundenbegriff* in Art. 169 ist im Hinblick auf die rasche technische Entwicklung bewusst *weit gefasst.* Darunter fallen insbesondere auch Bild- und Tondokumente sowie elektronische Dateien und dergleichen. Gemeinsames Merkmal ist die Beweiseignung der betreffenden Dokumente.

Die Einreichung einer Urkunde im Prozess impliziert die Behauptung, das Dokument sei echt. Die Beweislast für die *Echtheit* trägt deshalb diejenige Partei, die sich auf die Urkunde beruft. Die Gegenpartei darf sich aber nicht auf die einfache Bestreitung der Echtheit beschränken. Sie muss vielmehr *zureichende Gründe für die fehlende Echtheit dartun* (Art. 171). Dadurch sollen rein vorsorgliche, pauschale oder gar schikanöse Echtheitsbestreitungen verunmöglicht werden. Die Gegenpartei muss die Echtheit also substanziert bestreiten, indem sie ernsthafte Zweifel an der Echtheit des Urkundeninhalts oder der Unterschrift namhaft macht. Die Vermutung der vollen Beweiskraft aller öffentlichen Register und öffentlichen Urkunden wird in Art. 172 gegenüber Art. 9 ZGB (nur des Bundesprivatrechts) ausgedehnt. Art. 9 ZGB soll gemäss Anhang zum Vorentwurf aufgehoben und durch eine Verweisung auf die Schweizerische Zivilprozessordnung ersetzt werden.

Da sich die *Zulassung von Kopien* in der heutigen Rechtspraxis allgemein einge-
bürgert hat, genügt nach Art. 173 grundsätzlich die Einreichung von Kopien. Das
Gericht kann allerdings jederzeit ohne Angabe von Gründen die Einreichung des
Originals oder einer amtlich beglaubigten Kopie verlangen. Den Parteien steht
dieses Recht nur zu, wenn sie ernsthafte Zweifel an der Echtheit der Kopie dartun (Art. 173 Abs. 1). So sollen schikanöse Begehren vermieden werden. Urkunden sind grundsätzlich als Ganzes einzureichen, doch sind bei umfangreichen
Dokumenten die relevanten Stellen zu bezeichnen (Art. 173 Abs. 2). Bei fremd-
sprachigen Urkunden kann das Gericht oder eine Partei die Einreichung einer
Übersetzung verlangen (Art. 173 Abs. 3).

Der Urkundenbeweis ist damit zeitgemäss und konzis geregelt. Dass die Editionspflicht eine prozessuale Pflicht ist, ergibt sich bereits aus der allgemeinen
Mitwirkungspflicht (Art. 152 ff.). Das entspricht der geltenden Ausgestaltung in
den meisten Kantonen[8]. Sinnvoll erscheint, dass das Verfahren zur Prüfung der
Echtheit einer Urkunde in Art. 171 klar und übersichtlich geregelt ist. Die Ver-
teilung der Beweislast ergibt sich aus Art. 148.

## 3. Augenschein

Der Augenschein ist einerseits Beweismittel und dient andererseits auch der
Sachverhaltsaufklärung. Soweit er Beweismittelfunktion hat, bedarf ein Augenschein unter der Herrschaft der Verhandlungsmaxime eines Parteiantrags. Wo er
der gerichtlichen Sachverhaltsermittlung dient, kann er von Amtes wegen angeordnet werden, wenn das Gericht ihn für nützlich oder notwendig erachtet
(Art. 174 Abs. 1). Der Anspruch der Parteien, am Augenschein teilnehmen zu
können (Art. 149 Abs. 3, 174 Abs. 2), folgt aus dem Anspruch auf rechtliches
Gehör. Aus wichtigen Gründen können die Parteien aber vom Augenschein ausgeschlossen sein (Art. 174 Abs. 2), z. B. bei notwendigerweise unangemeldeten
Augenscheinen oder wenn schutzwürdige Interessen Dritter auf dem Spiel stehen. Eine Verbindung von Augenschein und Zeugeneinvernahme oder Experten-
befragung an Ort und Stelle kann sich aus Gründen der Prozessökonomie auf-
drängen und ist im Vorentwurf explizit vorgesehen (Art. 174 Abs. 3).
Transportable Gegenstände sind vor das Gericht zu bringen, wobei die Bestimmungen über die Einreichung von Urkunden sinngemäss gelten (Art. 174
Abs. 4). Art. 175 hält ausdrücklich fest, dass die Ergebnisse des Augenscheins
protokollarisch festgehalten werden müssen. Im Urteil darf nur dann auf das Re-
sultat des Augenscheins abgestellt werden, wenn es sich aus den Akten ergibt[9].

---

8 Eine materiell begründete Editionspflicht kennt immer noch Art. 230 ZPO SH.
9 Vgl. BGE 106 Ia 73 ff.

41

## 4. Gutachten

Das Gericht kann gemäss Art. 176 Abs. 1 bei einer oder mehreren sachverständigen Personen ein Gutachten einholen. Die Regelung entspricht den kantonalen Prozessgesetzen[10]. In Verfahren mit Verhandlungsmaxime wird ein Gutachten nur auf *Parteiantrag* eingeholt, in den von Untersuchungs- und Offizialmaxime beherrschten Verfahren hat das Gericht nötigenfalls auch von Amtes wegen ein Gutachten anzuordnen. Wird ein verlangter Kostenvorschuss für die Expertise nicht bezahlt, hat das Gericht in Verfahren mit Verhandlungsmaxime ohne Gutachten zu entscheiden.

Die Parteien sind *anzuhören* in Bezug auf die Person des Experten und in Hinblick auf die entstehenden Kosten (Art. 176 Abs. 1 Satz 2). Gegen den Experten bestehen die gleichen Ausstandsregeln wie gegen Gerichtspersonen (Art. 178 Abs. 1). Im Verhältnis zu den geltenden kantonalen Gesetzen[11] etwas weit geht allerdings Art. 178 Abs. 2 VE, wonach das Gericht den Parteien Gelegenheit zu geben hat, *sich zu den vorgesehenen Expertenfragen zu äussern.* Aus dem Anspruch auf rechtliches Gehörs lässt sich ein Recht der Parteien, zu den Expertenfragen vorgängig Stellung zu nehmen, m.E. nicht ableiten. Die Fragestellung an den Experten ist grundsätzlich Sache des Gerichts[12]. Die Parteien müssen aber – entsprechend dem Anspruch auf rechtliches Gehör – Gelegenheit haben, Ergänzungs- und Erläuterungsfragen an den Gutachter zu stellen. Eine generelle Erweiterung der Parteirechte auf die vorgängige Stellungnahme zu den Gutachterfragen erscheint mir nicht sinnvoll. Gerade in einfach gelagerten Fällen ist ein solches Vorgehen umständlich und verzögernd. Die Erfahrung zeigt nämlich, dass die Parteien, wenn sie sich zur Fragestellung äussern können, zahlreiche z.T. ausführlich begründete Umformulierungswünsche haben, welche vom Gericht abgewiesen werden müssen, aber doch zu starken Verzögerungen bei der Experteninstruktion führen. Dass es in einzelnen, namentlich komplizierten Fällen prozessökonomisch sinnvoll sein kann, die Parteien zur Fragestellung vorgängig anzuhören, ist eine andere Sache. M. E. sollte es ein Recht, aber keine Pflicht des Gerichts bzw. kein Anspruch der Parteien sein, sich zur Fragestellung an den Experten vorgängig äussern zu dürfen (vgl. z.B. § 175 Abs. 2 ZPO ZH).

Der Vorentwurf sieht in Art. 178 – auch eher aussergewöhnlich – vor, dass dem Experten eine angemessene *Frist für die Gutachtenserstattung* angesetzt wird[13]. Dahinter steckt offensichtlich die Überlegung, dass der Prozess durch das Gutachten nicht ungebührlich verzögert werden soll. Bei nicht fristgemässer Liefe-

---

10  Z.B. § 171 ZPO ZH, § 253 ZPO AG, Art. 219 ZPO SH.
11  § 175 Abs. 2 ZPO ZH, Art. 224 ZPO SH.
12  *Frank/Sträuli/Messmer (zit. FN 3),* § 175 N 1.
13  Vgl. immerhin die Möglichkeit der Fristansetzung in § 179 ZPO ZH.

rung des Gutachtens kann das Gericht dem säumigen Gutachter den Auftrag entziehen, wobei er kostenpflichtig wird (Art. 181). Ob es dadurch einfacher wird, einen Gutachter zu finden, und ob es schneller geht, ein qualitativ ansprechendes Gutachten zu erhalten, ist m.E. zu bezweifeln. Gemäss meinen bisherigen Erfahrungen sind es vor allem Experten öffentlich-rechtlicher Einrichtungen (KJPD, Psychiatrische Anstalten, Spitäler), welche arbeitsüberlastet und dementsprechend langsam sind. Gegen den Entscheid über die Entschädigung steht dem Experten der Rekurs offen (Art. 177 Abs. 2).

Die Parteien haben das Recht, *Erläuterungs- und Ergänzungsfragen* an den Gutachter zu stellen, und das Gericht kann nötigenfalls auch von sich aus eine Verbesserung verlangen (Art. 179 Abs. 3, 181 Abs. 2). Im übrigen entsprechen die Regelungen über das Gutachten gängiger Rechtspraxis (Art. 177 ff. Inpflichtnahme des Experten, Durchführung der Erhebungen und Erstattung des Gutachtens).

Ausdrücklich bestimmt der Vorentwurf zudem, dass das Fachwissen eines *sachverständigen Richters* offen zu legen ist (Art. 176 Abs. 3), so dass die Parteien dazu Stellung nehmen können.

Art. 182 hält etwas an sich Selbstverständliches fest, nämlich dass jede Partei *Privatgutachten* einreichen kann. Zum Beweiswert von Privatgutachten äussert sich der Vorentwurf bewusst nicht, da eine generelle Regelung kaum möglich wäre. Damit ist die Bestimmung m.E. aber entbehrlich. Die bisherige Praxis, wonach Parteigutachten grundsätzlich als Parteibehauptung zu behandeln sind, bleibt wohl weiterhin bestehen[14].

Mit dem *Schiedsgutachten* (Art. 183) führt der Vorentwurf dagegen ein für viele Kantone neues Institut ein. Das Schiedsgutachten hat die verbindliche Feststellung rechtserheblicher Tatsachen durch eine fachkundige Person zum Gegenstand[15]. Das Schiedsgutachten setzt eine Parteivereinbarung voraus, für welche aus Beweisgründen die gleichen Formvorschriften wie für die Gerichtsstandsvereinbarung gelten (Art. 183 Abs. 2 i.V.m. Art. 15 Abs. 2 und 3). Die Parteien werden wohl häufig schon vorprozessual ein Schiedsgutachten erstellen lassen, welches auch für den Fall des Prozesses seine Wirkung soll behalten können. Das Schiedsgutachten ist daher in der Regel mit der Klage oder Klageantwort/Widerklage einzureichen; das muss m.E. sinngemäss auch noch für die Widerklageantwort gelten. Das Gericht ist an die Tatsachenfeststellungen des Schiedsgutachters gebunden, wenn das Rechtsverhältnis der Dispositionsbefugnis der Parteien unterliegt und das Gutachten korrekt zustandegekommen ist, d.h. wenn

---

14 *Frank/Sträuli/Messmer (zit. FN 3)*, vor § 171 ff. N. 4.
15 *Vogel/Spühler (zit. FN 5)*, 14 N 6; BGE 117 Ia 365 ff. E. 7, 107 Ia 320 ff.

Annette Dolge

kein Ausstandsgrund gegen den Gutachter, keine Bevorzugung einer Partei und keine offensichtlichen Mängel vorliegen (Art. 184).

## 5. Schriftliche Auskunft

Die schriftliche Auskunft wird im Vorentwurf als *eigenständiges Beweismittel* behandelt, weil sie Elemente des Urkundenbeweises und des Zeugenbeweises in sich vereinigt. Im kantonalen Prozessrecht wird die schriftliche Auskunft meistens als Sonderregel unter dem Zeugenbeweis behandelt[16]. Wie die übrigen Beweismittel setzt die schriftliche Auskunft im Bereich der Verhandlungsmaxime einen Parteiantrag voraus (Art. 185). Schriftliche Auskünfte können bei Amtsstellen und ausnahmsweise auch bei Privatpersonen eingeholt werden. Bei Privatpersonen wird aber zusätzlich vorausgesetzt, dass die schriftliche Auskunft zweckmässiger als eine Zeugenbefragung erscheint, so z. B. bei Lohnauskünften des Arbeitgebers, Arztzeugnissen und dergleichen. Eine formelle Zeugenbefragung bleibt aber stets vorbehalten. Den Parteien ist das rechtliche Gehör zu gewähren, indem sie über die Auskunft informiert werden und ihnen die Möglichkeit zur Stellungnahme gegeben wird (Art. 186 Abs. 3, der allerdings nicht sehr klar formuliert ist; vgl. auch Art. 149 Abs. 3). Die schriftliche Auskunft entspricht daher den geltenden kantonalen Regelungen[17].

## 6. Beweisaussage

In den kantonalen Zivilprozessordnungen gibt es die verschiedensten Formen von Parteibefragungen[18]: formlose Befragungen, formelle Parteibefragungen und Beweisaussagen sowie Kombinationen davon, Beweisaussagen beider Parteien oder nur einer Partei (der eigenen Partei oder der Gegenpartei der beweisführenden Partei), Beweisaussagen als allgemeine oder nur subsidiäre Beweismittel.

Die Expertenkommission hat sich in Art. 186 für die Beweisaussage als *vollwertiges Beweismittel* entschieden[19]. Dabei waren folgende Überlegungen massgebend: Es sollte ein modernes Beweisrecht geschaffen werden. Auch wenn die Beweisaussage, in der Praxis der Kantone, die sie kennen, nicht sehr häufig angewendet wird, gibt es doch Fälle, wo die Nichtzulassung dieses Beweismit-

---

16 § 168 ZPO ZH, Art. 215a ZPO SH, Art. 111 ZPO SG.
17 *Frank/Sträuli/Messmer (zit. FN 3)*, § 168 N 1 ff.; *Dolge (zit. FN 3)*, S. 276f.
18 § 149, § 150 ZPO ZH (persönliche Befragung, Beweisaussage), Art. 190 i.V.m. 196 ZPO SH (persönliche Befragung), § 267, 268 ZPO AG (Parteiverhör, Beweisaussage), Art. 273f., 279 ZPO BE (Parteiverhör, Beweisaussage).
19 So auch Art. 122 ZPO SG.

tels auf eine Verweigerung des Rechts auf den Beweis hinauslaufen könnte. Auch sollte den Kantonen, welche die Beweisaussage kennen, diese nicht weggenommen werden. Die Beschränkung der Beweisaussage lediglich auf eine Partei würde ebenfalls auf eine Beweiseinschränkung hinauslaufen. Die Beweisaussage muss deshalb beiden Parteien zur Verfügung stehen. Es kann also die eigene Beweisaussage oder die der Gegenpartei beantragt werden. Einem modernen Beweisrecht entspricht auch, dass die Parteien bezüglich der Beweismittel frei wählen können, was einer Subsidiarität der Beweisaussage entgegensteht. Gegen die Subsidiarität spricht auch die in Art. 165 vorgesehene Möglichkeit einer Konfrontationseinvernahme von Parteien und Zeugen.

Die Beweisaussage stellt ein „Zeugnis in eigener Sache" dar. Dem entspricht auch die *Strafdrohung* der falschen Beweisaussage von *Art. 306 StGB,* auf welche die zu befragende Partei ausdrücklich hinzuweisen ist. Im übrigen gelten für die Einvernahme und die Protokollierung die Bestimmungen über die Zeugeneinvernahme (Art. 186 Abs. 2).

Die Regelung wird für viele Kantone eine gewisse Änderung des geltenden Rechts bringen. Die Lösung der Expertenkommission erscheint aber sachgerecht. Es wird Aufgabe des Gerichts sein, im Rahmen seines pflichtgemässen Ermessens die Beweisaussagen der Parteien im Einzelfall zu würdigen.

## V. Verfahrensmässige Besonderheiten

Das Beweisverfahren gemäss Vorentwurf bringt für die Kantone des Zürcher Rechtskreises eine *grundlegende Änderung.* Der Vorentwurf orientiert sich stark an der Berner ZPO und der BZPO. Die Hauptverhandlung des Vorentwurfs entspricht im Wesentlichen der Beweisverhandlung nach bisheriger zürcherischer Terminologie. Sie dient der Beweisabnahme, falls diese nicht bereits abschliessend im Vorbereitungsverfahren erfolgt ist, sowie den Schlussplädoyers der Parteien.

### 1. Der Ablauf des Beweisverfahrens im ordentlichen Verfahren

Die Parteien sind verpflichtet, *bereits im Schriftenwechsel* ihre *Beweismittel zu nennen.* Das Gericht kann aber anordnen, dass Replik und Duplik anstatt schriftlich, mündlich in der Hauptverhandlung erfolgen (Art. 214 Abs. 2). Die Parteien erhalten dann zu Beginn der Hauptverhandlung Gelegenheit zu Replik und Duplik (Art. 220). Allerdings kann die klagende Partei auf eine Replik verzichten, womit für die beklagte Partei die Duplik ohne weiteres entfällt (Art. 214 Abs. 1). Nach Abschluss von Replik und Duplik oder bei Verzicht auf die Replik sind die

Parteien *mit neuen Beweismitteln* grundsätzlich *ausgeschlossen,* es sei denn, sie können dartun, dass diese auch bei zumutbarer Sorgfalt nicht vorher hätten vorgebracht werden können oder durch das gerichtliche Fragerecht veranlasst wurden (Art. 215 Abs. 2).

Nach dem Schriftenwechsel findet in der Regel eine sog. *Vorbereitungsverhandlung* statt (Art. 217). Die Vorbereitungsverhandlung bezweckt die Entlastung der Hauptverhandlung durch Klärung des Streitfalls[20]. Sie dient dazu, das gerichtliche Fragerecht auszuüben, eine gütliche Einigung oder eine Vereinfachung des Verfahrens zu erzielen oder sonst die Hauptverhandlung vorzubereiten. Sie kann jederzeit angeordnet werden und wird bei Kollegialgerichten in der Regel vom Referenten geleitet, kann aber auch vom gesamten Gericht oder einer Delegation durchgeführt werden. Insoweit entspricht die Vorbereitungsverhandlung einer Referentenaudienz. Besonders ist aber, dass an einer Vorbereitungsverhandlung *auch Beweise abgenommen werden können* (Art. 217 Satz 2)[21]. Der Referent bzw. Instruktionsrichter hat somit eine breite Palette von Möglichkeiten und ein grosses Ermessen bei der Durchführung und Gestaltung der Vorbereitungsverhandlung. Je nach Ausübung des Fragerechts können in unterschiedlichem Umfang auch Elemente der Untersuchungsmaxime in Prozesse gelangen, welche eigentlich der Verhandlungsmaxime unterstehen.

Die Beweisabnahme wird in einer *Beweisverfügung* angeordnet (Art. 218). Diese bezeichnet die beweisführende Partei, die zu beweisenden Tatsachen sowie die von den Parteien bereits genannten, erheblichen Beweismittel[22]. Gleichzeitig wird die beweisführende Partei aufgefordert, einen Vorschuss zu leisten (Art. 218 Abs. 2 i.V.m. Art. 91). Bei umfangreichem Prozessstoff wird ausnahmsweise vorgesehen, dass das Gericht eine *qualifizierte Beweisverfügung* trifft (*Beweisauflageentscheid,* Art. 219). Das Gericht bestimmt darin die zu beweisenden Tatsachen und die Haupt- und Gegenbeweislast der Parteien. Es setzt den Parteien sodann Frist zur Einreichung der Beweisantretungsschriften an, worin die Parteien die bereits beantragten Beweismittel den im Beweisauflageentscheid angeführten Tatsachen zuzuordnen haben. Neue Beweismittel können die Parteien grundsätzlich nicht mehr nennen (vgl. Art. 215 Abs. 2 und 3). Die Beweisantretungsschriften werden gegenseitig zur Vernehmlassung gestellt, danach erlässt das Gericht die Beweisverfügung (Art. 219 Abs. 3).

Terminologisch noch etwas unklar ist, ob bei Kollegialgerichten das Kollegium die Beweisverfügung trifft oder ob dies der Referent bzw. Instruktionsrichter

---

20 *Leuch/Marbach/Kellerhals/Sterchi (zit. FN 3),* Art. 176 N 3a.
21 Die Bestimmung geht auch weiter als Art. 179 ZPO BE, wo Zeugeneinvernahmen und Parteiverhöre im Vorbereitungsverfahren ausgeschlossen sind.
22 Vgl. *Leuch/Marbach/Kellerhals/Sterchi (zit. FN 3),* Art. 197 N 2b.

kann[23]. Systematik und Wortlaut („Beweis*verfügung*") sprechen aber dafür, dass im Vorbereitungsverfahren der zuständige Referent bzw. Instruktionsrichter diesen Entscheid treffen kann.

Eine mitwirkungspflichtige Drittperson kann die Beweisverfügung mit Rekurs anfechten, soweit sie darin zur Mitwirkung verpflichtet wird (Art. 158 Abs. 3). Einer Partei steht gegen die Beweisverfügung, da es sich um einen prozessleitenden Entscheid handelt, lediglich die Beschwerde offen, welche voraussetzt, dass ihr ein nicht wiedergutzumachender Nachteil droht (Art. 310).

Die *Beweisabnahme* erfolgt grundsätzlich in der *Hauptverhandlung* (Art. 222)[24]. Sie kann durch das urteilende Gericht oder eine Delegation erfolgen (Art. 149 Abs. 1 und 2). Eine Delegation der Beweisabnahme ist v. a. für die Anhörung von Kindern im Rahmen familienrechtlicher Verfahren angebracht und üblich. Unter Umständen kann auch ein delegierter Augenschein angezeigt sein. Die Beweisabnahme kann aber – wie erwähnt – auch schon im Vorbereitungsverfahren stattfinden und muss nachher nicht zwingend wiederholt werden (Art. 217 Satz 2, 149 Abs. 2, 222). Vor dem urteilenden Gericht in der Hauptverhandlung findet die Beweisabnahme statt, wenn das Gericht es so will oder wenn eine Partei es verlangt und keine wichtigen Gründe dagegen sprechen (Art. 149 Abs. 2, 222). Es steht dem Gericht auch frei, frühere Beweisabnahmen zu wiederholen (Art. 222). Die Beweisabnahme erfolgt zu Beginn der Hauptverhandlung bzw. nach der mündlichen Replik und Duplik.

An der Hauptverhandlung haben die Parteien Gelegenheit, in ihren *Parteivorträgen (Schlussplädoyers)* zur Sache Stellung zu nehmen. Sie können insbesondere zum Beweisergebnis und zur Rechtsanwendung plädieren. Dabei dürfen sie – unter Vorbehalt von Art. 215 – keine neuen Tatsachen und Beweismittel mehr vorbringen. Allenfalls sind die Parteien zu einem zweiten Vortrag zuzulassen, insbesondere wenn sich nach dem ersten Vortrag der beklagten Partei neue Gesichtspunkte ergeben (Art. 223). Das Gericht kann den Parteien unmittelbar nach der Hauptverhandlung das Urteil mündlich im Dispositiv eröffnen und kurz begründen (Art. 230 Abs. 1). Die Parteien können jedoch übereinstimmend auch auf die Durchführung der Hauptverhandlung verzichten. Tun sie dies, haben sie Anspruch auf Einreichung schriftlicher Parteivorträge (Art. 225). Damit wird der Prozess nach dem Willen der Parteien unter Umständen zu einer rein schriftlichen Angelegenheit (Art. 224). Ein Verzicht macht allerdings nur dann Sinn,

---

23 In Art. 197 Abs. 1 ZPO BE ist das Gesamtgericht zuständig; s. *Leuch/Marbach/Kellerhals/Sterchi (zit. FN 3)*, Art. 197 N 2c.

24 *Thomas Sutter-Somm*, Der Vorentwurf zur Schweizerischen Zivilprozessordnung, in: ZSR 121 (2002) I. Hb. S. 570.

wenn die Beweisabnahme bereits im Vorbereitungsverfahren stattgefunden hat und nicht wiederholt wird.

Die *Säumnis* an der Hauptverhandlung wirkt sich für beide Parteien gleich aus. Das Gericht berücksichtigt die fristgerecht eingereichten Eingaben, somit auch jene der ausgebliebenen Partei (Art. 225). Die Parteien haben ein Recht, an der Beweisabnahme mitzuwirken (Art. 149 Abs. 3), aber keine Pflicht. Das Gericht legt seinem Entscheid die Vorbringen der erschienenen Partei sowie die Akten zu Grunde (Art. 225). Es kommt auch zum Entscheid, wenn beide Parteien ausbleiben. Ein versäumter Termin kann nach den Voraussetzungen von Art. 143 wiederhergestellt werden.

## 2. Das Beweisverfahren in den besonderen Verfahren

Die Bestimmungen über den Beweis und das Beweisverfahren finden grundsätzlich auch bei den besonderen Verfahrensarten Anwendung, soweit das Gesetz nichts anderes bestimmt oder die Natur des Verfahrens nicht zwingend ein Abweichen verlangt (Art. 235). Im *vereinfachten Verfahren* ist zu beachten, dass kein zweiter Schriftenwechsel stattfindet, sondern direkt zur Hauptverhandlung vorgeladen wird und den Parteien bis zu den Schlussplädoyers ein unbeschränktes Novenrecht zusteht; ansonsten entspricht das Beweisverfahren jenem im ordentlichen Verfahren. Für das *Scheidungsverfahren* und das *Verfahren betreffend Kinderbelange* ergeben sich Abweichungen insbesondere aus der Untersuchungs- und Offizialmaxime (z.B. Art. 244, 252, 253). Die Bestimmungen des Vorentwurfs entsprechen den im Rahmen der Scheidungsrechtsrevision ins ZGB eingefügten Verfahrensnormen, die mit Inkrafttreten der Schweizerischen Zivilprozessordnung aufgehoben werden.

Das *summarische Verfahren* ist – entsprechend den heutigen kantonalen Prozessgesetzen – durch eine *Beweisbeschränkung* gekennzeichnet (Art. 264): Einerseits sind Beweismittel grundsätzlich auf die sofort verfügbaren, d.h. auf Urkunden, allenfalls Beweisaussage und Augenschein, beschränkt; Urkunden sind bereits mit dem Gesuch einzureichen (Art. 261, 264). Andererseits ist die Beweisstrenge gelockert, indem in der Regel blosses Glaubhaftmachen einer behaupteten Tatsache genügt.

Die Regelung des Vorentwurfs über die Beweissicherung entspricht bisherigem Recht. Zur *Sicherung gefährdeter Beweismittel* hat das Gericht die geeigneten Vorkehren zu treffen, wenn eine Partei deren Gefährdung glaubhaft macht. Anwendbar sind die Bestimmungen über vorsorgliche Massnahmen (Art. 151 Abs. 1 und 2).

## VI. Fazit

Die Bestimmungen über den *Beweis* und die *Beweismittel* im 9. Titel des Vorentwurfs (Art. 145–186) bringen nichts wesentlich Neues. Sie entsprechen weitgehend modernen kantonalen Zivilprozessordnungen.

Die Kodifizierung der allgemeinen Grundsätze des Beweisrechts (Art. 145 ff.) schafft Klarheit und Transparenz auch in Bereichen, wo bisher in vielen Kantonen nur eine Praxis besteht (z.B. betreffend rechtswidrig beschaffte Beweismittel). Sinnvoll und übersichtlich erscheint insbesondere die Voranstellung der allgemeinen Bestimmungen über die Mitwirkungspflicht und das Verweigerungsrecht (Art. 152 ff.). Damit sind die prozessualen Pflichten und Rechte für die verschiedenen Formen der Mitwirkung im Beweisverfahren einheitlich und lückenlos geregelt. So müssen prozessuale Pflichten, wie z.B. die Urkundeneditionspflicht, nicht mehr über das materielle Recht hergeleitet werden, wie das in einzelnen veralteten Prozessordnungen noch immer der Fall ist.

Der Urkundenbeweis ist zeitgemäss und konzis geregelt. Sinnvoll erscheint, dass das Verfahren zur Prüfung der Echtheit einer Urkunde in Art. 171 klar und übersichtlich geregelt ist. Die Bestimmungen über das Zeugnis und den Augenschein entsprechen weitgehend geltendem kantonalem Recht. Die Regelungen über das Gutachten bringen einen Anspruch der Parteien auf Stellungnahme zu den Expertenfragen und eine Fristansetzung an den Gutachter mit entsprechenden Säumnisfolgen (Art. 178, 181). Ausserdem wird neu das Schiedsgutachten und seine prozessrechtliche Wirkung geregelt (Art. 183 f.). Die Regelung über die Beweisaussage wird für viele Kantone eine gewisse Änderung des geltenden Rechts bringen. Die Beweisaussage ist als vollwertiges Beweismittel konzipiert und ist als einziges Beweismittel für die Parteibefragung vorgesehen. Die Lösung der Expertenkommission erscheint jedoch sachgerecht. Es wird im Einzelfall Aufgabe des Gerichts sein, die Beweisaussagen der Parteien im Rahmen der gerichtlichen Beweiswürdigung zu gewichten.

Fremd für die Kantone des Zürcher Rechtskreises ist allerdings das *Beweisverfahrensrecht* (Art. 217 ff.). Dass die Beweismittel bereits im Behauptungsverfahren zu bezeichnen sind und nicht – wie heute – erst im Rahmen eines Beweisverfahrens, ist m.E. eine im Sinne der Beschleunigung des Verfahrens effiziente Massnahme. Störend ist aber, dass ein wesentlicher Teil des Beweisverfahrens, insbesondere die Beweisabnahme, vor dem Instruktionsrichter im Vorbereitungsverfahren erfolgen kann und nicht vor dem erkennenden Gericht stattfinden muss (Art. 217, 149, 224). Durch das Fragerecht des Instruktionsrichters gelangen zudem – je nach Richterpersönlichkeit – in unterschiedlichem Masse Elemente der Untersuchungsmaxime in Prozesse mit Verhandlungsmaxime. Das richterliche Fragerecht kann dann auch Anlass zu nachträglichen Beweismittelnennungen sein

(Art. 215 Abs. 2 lit. b). Da dem Instruktionsrichter ein grosses Ermessen in der Verfahrensgestaltung zukommt, besteht für die Parteien auch eine Unsicherheit über den Verfahrensablauf. Die umfassenden Befugnisse des Instruktionsrichters erscheinen insbesondere in den Verfahren mit Verhandlungsmaxime weder zeitgemäss noch sachgerecht. Ganz ungewohnt ist auch, dass Replik und Duplik nach Anordnung des Gerichts gleichwohl in der Hauptverhandlung – und damit nach dem Vorbereitungsverfahren – stattfinden können (Art. 214 Abs. 2). Da in diesem Verfahrensstadium aber Noven noch unbeschränkt zulässig sind (Art. 215 Abs. 1), kann dies dazu führen, dass nach Replik und Duplik in der Hauptverhandlung neue Beweiserhebungen in einer weiteren Verhandlung notwendig werden. Verglichen mit der heute im Zürcher Rechtskreis üblichen klaren Trennung zwischen Behauptungsverfahren einerseits und Beweisverfahren andererseits, bringt das neue Beweisverfahren eine eher unübersichtliche Verflechtung von Behauptungs- und Beweisverfahren im Vorbereitungsverfahren und in der Hauptverhandlung. Ziel der Expertenkommission ist es, ein zügiges Verfahren zu garantieren. Ob dies mit dem neuen Beweisverfahren besser gewährleistet ist als mit dem bisher im Zürcher Rechtskreis üblichen System, erscheint allerdings fraglich.

# Die neue Rechtsmittelordnung – der Schweizerischen Zivilprozessordnung mit kritischen Bemerkungen

Karl Spühler

## Inhalt

    I. Vorbemerkunge . . . . . . . . . . . . . . . . . . . . . . . . . . 52

   II. Allgemeine Bestimmungen über die Rechtsmittel . . . . . . . . . . 52

  III. Appellation . . . . . . . . . . . . . . . . . . . . . . . . . . . . . 53
        1. Anfechtungsobjekt . . . . . . . . . . . . . . . . . . . . . . 53
        2. Streitwert . . . . . . . . . . . . . . . . . . . . . . . . . . 53
        3. Vollkommene Rechtsmittel . . . . . . . . . . . . . . . . . 54
        4. Speziell Rechtsrügen . . . . . . . . . . . . . . . . . . . . 54
        5. Aufschiebende Wirkung . . . . . . . . . . . . . . . . . . . 54
        6. Rechtsfolge einer ungenügenden Begründung . . . . . . . . . . 55
        7. Noven . . . . . . . . . . . . . . . . . . . . . . . . . . . . 55

  IV. Rekurs . . . . . . . . . . . . . . . . . . . . . . . . . . . . . . 55
        1. Anfechtungsobjekt . . . . . . . . . . . . . . . . . . . . . . 56
        2. Rekursgründe . . . . . . . . . . . . . . . . . . . . . . . . 56
        3. Verfahrensfragen . . . . . . . . . . . . . . . . . . . . . . 57
        4. Kein Anschlussrekurs . . . . . . . . . . . . . . . . . . . . 57
        5. Novenrechte . . . . . . . . . . . . . . . . . . . . . . . . . 57
        6. Rekurs von Dritten . . . . . . . . . . . . . . . . . . . . . 57

   V. Beschwerde . . . . . . . . . . . . . . . . . . . . . . . . . . . . 58
        1. Anfechtungsobjekt . . . . . . . . . . . . . . . . . . . . . . 58
        2. Beschwerdegründe . . . . . . . . . . . . . . . . . . . . . . 59
        3. Verfahren . . . . . . . . . . . . . . . . . . . . . . . . . . 59

  VI. Revision . . . . . . . . . . . . . . . . . . . . . . . . . . . . . 60
        1. Revisionsgründe . . . . . . . . . . . . . . . . . . . . . . . 60
        2. Verfahren . . . . . . . . . . . . . . . . . . . . . . . . . . 61

 VII. Erläuterung und Berichtigung . . . . . . . . . . . . . . . . . . 61

VIII. Würdigung und Kritik . . . . . . . . . . . . . . . . . . . . . . 62

# I. Vorbemerkungen

Das Kapitel über die Rechtsmittel gliedert sich in sechs Abschnitte. Vorangestellt werden einige allgemeine Bestimmungen, welche für alle Rechtsmittel der ZPO gelten. Es folgen dann die einzelnen Rechtsmittel in fünf Abschnitten (Appellation, Rekurs, Beschwerde, Revision, Erläuterung und Berichtigung). Mit Bezug auf die einzelnen Rechtsmittel ist es für den kantonalen Instanzenzug infolge der Verschiedenheit der Anfechtungsobjekte *nicht möglich, eine Einheitsbeschwerde* wie sie im BGG vorgesehen wird, *zu schaffen.*[1] Trotzdem ging das Bestreben dahin, das künftige kantonale Rechtsmittelsystem zu straffen und im Wesentlichen auf die drei *Hauptrechtsmittel Appellation, Rekurs und Beschwerde* zu beschränken. Unterscheidungs- bzw. Abgrenzungskriterium bildet dabei allein das in Frage stehende Anfechtungsobjekt. Hingegen wurde auf die Unterscheidung zwischen ordentlichen (suspensiven) und ausserordentlichen (nicht suspensiven) Rechtsmitteln verzichtet. Dieser Punkt sollte für die Beschwerde unbedingt neu überdacht werden.

# II. Allgemeine Bestimmungen über die Rechtsmittel

Für das Verfahren vor der Rechtsmittelinstanz gelten grundsätzlich bei allen Rechtsmitteln dieselben Verfahrensvorschriften wie vor der ersten Instanz. Vorbehalten bleiben lediglich spezielle Bestimmungen verfahrensrechtlicher Natur für die einzelnen Rechtsmittel. Solche Ausnahmen von den allgemeinen Verfahrensgrundsätzen finden sich z.B. für die Begründungslast bei der Appellation, für die Noven beim Rekurs, für dieselbe Problematik bei der Beschwerde. Liegen Rechtsmittel im Bereich von Spezialverfahren vor, so gelten hierfür analog auch die entsprechenden erstinstanzlichen Bestimmungen für die betreffenden Prozessarten. Dies betrifft z.B. Scheidungsverfahren, Kinderbelange und summarisches Verfahren. Derselbe Grundsatz gilt auch dann, wenn z.B. in einem Rechtsmittelverfahren vorsorgliche Massnahmen ergriffen werden. Hierfür gelten die entsprechenden erstinstanzlichen Vorschriften über vorsorgliche Massnahmen.

Die Rechtsmittelinstanz kann bei allen Rechtsmitteln ihre *Vorinstanz* um eine *Stellungnahme* ersuchen. Diese hat gegenüber bisher eine erhöhte Bedeutung. Die Rechtsmittelinstanz hat dabei das Urteil des Europäischen Gerichtshofs für Menschenrechte vom 28. Juni 2001 in Sachen F. R. gegen die Schweizerische Eidgenossenschaft zu beachten. Danach hat die Rechtsmittelinstanz die Pflicht, die Vernehmlassung sämtlichen Verfahrensbeteiligten zugänglich zu machen.

---

1 Vgl. Art. 68 ff. Entwurf BGG vom 28. Februar 2001.

Diese haben in jedem Fall das Recht, dazu Stellung zu nehmen. Irrelevant ist, ob die Vernehmlassung Noven enthält oder nicht.[2] Leider wird dies im Entwurf nicht expressis verbis ausgedrückt.

## III. Appellation

### 1. Anfechtungsobjekt

Die Appellation ist das hauptsächlichste, zentrale Rechtsmittel. *Anfechtungsobjekt* der Appellation sind Entscheide eines erstinstanzlichen Gerichts. Es muss sich dabei um End- oder Zwischenentscheide handeln. Diese Begriffe bedürfen näherer Auslegung. Aufgrund der Materialien hat es die Meinung, dass es sich um *Sachentscheide* handeln muss.[3] Dies gilt z. T. auch für Zwischenentscheide. Mit Appellation anfechtbar sind z. B. Zwischenentscheide in der Sache, wie über Verjährung, Aktiv- und Passivlegitimation, einzelne Voraussetzungen eines Schadenersatzanspruches usw. Nicht dazu gehören Zwischenentscheide mit rein prozessualer Bedeutung, wie Beweisbeschlüsse und andere prozessleitende Entscheide.

Die mit Appellation anfechtbaren Entscheide müssen entweder im ordentlichen oder im vereinfachten Verfahren ergangen sein; im summarischen Verfahren ergangene Entscheide sind hingegen mit diesem Rechtsmittel nicht weiterziehbar.

### 2. Streitwert

Wie bisher in den kantonalen Zivilprozessordnungen allgemein üblich, hängt bei vermögensrechtlichen Streitigkeiten die Appellationsmöglichkeit vom Streitwert ab. Dabei übernimmt die ZPO die Lösung, wie sie in Art. 47 BGG für den Weiterzug an das Bundesgericht vorgesehen ist. Der Streitwert bestimmt sich nach der Differenz zwischen den im erstinstanzlichen Verfahren zuletzt aufrecht erhaltenen Rechtsbegehren und dem Urteil. Diese Differenz muss mindestens CHF 10 000.– betragen. Damit ergibt sich sowohl vom Frankenbetrag als auch vom geschilderten Systemwechsel her allgemein eine Erhöhung des Mindeststreitwerts gegenüber den bisherigen kantonalen Regelungen.

---

2  Vgl. Ziff. 37 des zitierten EGMR-Urteils.
3  Vgl. insbesondere Protokoll Expertenkommission, S. 1244.

## 3. Vollkommenes Rechtsmittel

Entsprechend den traditionellen Vorgaben ist die neue kantonale Appellation ebenfalls als *vollkommenes Rechtsmittel* ausgestaltet worden. Mit ihm kann sowohl die unrichtige Rechtsanwendung als auch die unrichtige Feststellung des Sachverhalts gerügt und von der oberen kantonalen Instanz überprüft werden. Die obere kantonale Instanz hat bei der Überprüfung der *Rechtsanwendung* sowie des *Sachverhalts freie Kognition.*

## 4. Speziell Rechtsrügen

Nähere Ausführungen bedarf noch, *welches Recht mit der Appellation als verletzt gerügt werden kann.* In Betracht fällt das ganze Bundesprivatrecht sowie auch das öffentliche Bundesrecht, sofern es mit einer Zivilsache in Zusammenhang steht. Gleichgültig ist, ob es sich um Normen auf Verfassungs-, Gesetzes- oder Verordnungsstufe handelt. Auch ausländisches Recht kann unter Umständen indirekt zum Bundesrecht gehören, so wenn in Verletzung von Bestimmungen des schweizerischen internationalen Privatrechts nicht ausländisches Recht angewendet wird.[4]

## 5. Aufschiebende Wirkung

Die Appellation ist, auch wenn die schweizerische ZPO die Unterscheidung zwischen ordentlichen und ausserordentlichen Rechtsmitteln grundsätzlich nicht mehr kennt, dogmatisch gesehen ein *ordentliches Rechtsmittel,* weshalb ihr in der Regel von Gesetzes wegen *aufschiebende Wirkung* zukommt.[5] Die Rechtsmittelinstanz kann der Appellation jedoch die aufschiebende Wirkung entziehen. Dies gilt bisher nur in einigen wenigen Kantonen. Die aufschiebende Wirkung dürfte z.B. dann entzogen werden, wenn eine Appellation offensichtlich unzulässig oder unbegründet bzw. trölerisch erscheint. Trotzdem ist diese Neuerung in dem zürcherisch-ostschweizerischen Rechtskreis wenig erfreulich, vor allem unter Rechtsschutzgesichtspunkten.

---

4 Vgl. *Spühler/Vock,* Rechtsmittel in Zivilsachen, 24.
5 So in FR, BS, TI, GE; vgl. *Vogel/Spühler,* Zivilprozessrecht, 13. Kapitel, N 35.

## 6. Rechtsfolge einer ungenügenden Begründung

Es stellt sich in diesem Zusammenhang die Frage, *was Rechtsfolge einer ungenügenden Begründung* bildet. Es fehlen Anhaltspunkte dafür, dass in solchen Fällen einfach aufgrund der Akten zu entscheiden wäre.[6] Gestützt auf den Wortlaut der neuen ZPO ist davon auszugehen, dass bei fehlender Begründung, sofern keine Ausnahme vorliegt, auf die Appellation nicht einzutreten ist. Dies ist eine Verkürzung des Rechtsschutzes, welche zu korrigieren ist.

Zu beachten ist sodann, dass wie im heutigen kantonalen Recht kein Anschluss des Hauptappellanten an die Anschlussappellation vorgesehen ist. Auch dieser Punkt ist vom Gedanken des Rechtsschutzes aus nicht ganz unbedenklich.

## 7. Noven

*Noven* sind zulässig, wenn ihr Vorbringen auch bei zumutbarer Sorgfalt vorher nicht möglich war (z.B. Auffinden einer Urkunde) oder wenn neue Tatsachen oder Beweismittel sich deshalb ergeben, weil das Gericht sein richterliches Fragerecht ausgeübt und im Zuge desselben neue bzw. präzisere Fragen aufgeworfen hat.

Dieses *Novenrecht* ist gegenüber dem bisherigen Recht des zürcherischen Rechtskreises (§§ 115, 267 ZPO) *zu knapp*. Es beschneidet die materielle Wahrheitsfindung stark. Auch dieser Punkt muss überdacht werden.

Ein weitergehendes Novenrecht ist in Abs. 2 für Verfahren betreffend Kinderbelange vorgesehen. In Ausführung der Grundsätze der Untersuchungs- und der Offizialmaxime ist es notwendig, dass in Prozessen betreffend Kinderbelange Noven auch noch im Berufungsverfahren vorgebracht werden können. Da auch hier der Grundsatz der Prozessbeschleunigung gewisse Schranken erfordert ist das Novenrecht grundsätzlich nur im ersten Schriftenwechsel des Appellationsverfahrens möglich.

## IV. Rekurs

Der Rekurs ist in den meisten Deutschschweizer Kantonen schon bisher bekannt gewesen. Er wird bisweilen als „kleine Berufung" bezeichnet. Der Rekurs ist ein Rechtsmittel gegen Entscheide von weniger grosser Tragweite. Gegenüber dem Appellationsverfahren zeichnet sich das Rekursverfahren durch Einfachheit aus.

---

6  So bisher im Kanton Zürich; *Spühler/Vock,* Rechtmittel in Zivilsachen, 29.

Karl Spühler

## 1. Anfechtungsobjekt

Grundsätzlich gibt es zwei Kategorien von Entscheiden, die mit Rekurs anfechtbar sind: Die erste Kategorie betrifft Fälle, in denen dies vom Gesetz vorgesehen ist. Dabei ist es nicht unbedingt notwendig, dass die Grundlage in der Schweizerischen ZPO selbst vorhanden ist, sondern sie kann sich auch in einem anderen Gesetz befinden. Regelmässig handelt es sich um Entscheide prozessrechtlicher Natur, so z.B. um den Entscheid über Kostenvorschüsse und Sicherheitsleistungen, die Frage der Gewährung der unentgeltlichen Prozessführung und eines unentgeltlichen Rechtsbeistandes, die Sistierung des Verfahrens usw.

In die zweite Kategorie der mit Rekurs anfechtbaren Entscheide fallen diejenigen, die im summarischen Verfahren ergangen sind. Diese Entscheide müssen mit einem einfachen und raschen Rechtsmittel angefochten werden können; hierfür eignet sich der Rekurs am besten. Allerdings ist der Rekurs für gewisse Summarsachen aus dem Bereich des Schuldbetreibungs- und Konkurs-Gesetzes ein zu eingehendes und zu komplexes Rechtsmittel. Es sind deshalb eine ganze Reihe von SchKG-Summarsachen aufgelistet, für die der Rekurs nicht zur Anwendung gelangt. In der Expertenkommission umstritten war einzig eine Rekursmöglichkeit gegen Rechtsöffnungsentscheide i.S.v. Art. 80ff. SchKG. Gegen eine Rekursmöglichkeit spricht bei der definitiven Rechtsöffnung, dass hier möglichst nicht unnötige Weiterungen erfolgen und bei der provisorischen Rechtsöffnung, dass gegen entsprechende positive Entscheide der Schuldner mit der Aberkennungsklage vorgehen kann. Das bedeutet, dass Rechtsöffnungsentscheide lediglich mit Beschwerde sollen angefochten werden können. In vielen Kantonen war dies schon bisher der Fall.[7] Bei Rechtsöffnungsentscheiden, welche sich auf ausländische Urteile stützen, erscheint indes die Vollstreckbarkeitserklärung als rekursfähig.[8]

## 2. Rekursgründe

Die *Rekursgründe* stimmen wörtlich *mit den Appellationsgründen überein.* Der Rekurs stellt somit eine Fortsetzung bisheriger, bewährter Rechtstradition als vollkommenes Rechtsmittel dar.

---

7 So im Kanton Zürich; vgl. Spühler/Vock, Rechtsmittel in Zivilsachen, 45; *Leuch/Marbach/ Kellerhals/Sterchi,* Die Zivilprozessordnung für den Kanton Bern, N 2a zu Art. 314.
8 Vgl. *Leuenberger/Uffer-Tobler,* Kommentar zur ZPO des Kantons St. Gallen, Art. 218, mit Verweis auf das zürcherische Zivilprozessrecht.

## 3. Verfahrensfragen

Im Unterschied zur Appellation ist der Rekurs innert der relativ *kurzen Frist* von zehn Tagen schriftlich und begründet bei der Rechtsmittelinstanz einzureichen.

Das Rekursverfahren ist als „kleines Berufungsverfahren" einfach ausgestaltet. Es findet demnach nur ein *einfacher Schriftenwechsel* statt. Nur ausnahmsweise kann das Gericht zusätzlich eine mündliche Verhandlung anordnen.

Entsprechend der Regelung für die Einreichung des Rekurses ist die Erstattung der Rekursantwort ausgestaltet. Die Frist für die Rekursantwort beträgt ebenfalls zehn Tage. Es besteht die Möglichkeit einer Verlängerung um höchstens weitere zehn Tage. Die Regelung ist zu eng. Sie lässt die Bedürfnisse der Anwaltschaft ausser Acht, vor allem in grossen Rekurssachen ist eine praxisnähere Lösung zu fordern.

## 4. Kein Anschlussrekurs

Im Gegensatz zur Appellation wurde auf einen Anschlussrekurs verzichtet. Dies ist fraglich, vor allem in familienrechtlichen Streitigkeiten (Unterhaltsbeiträge!) besteht hiefür ein Bedürfnis.

## 5. Novenrecht

Mit Bezug auf das Novenrecht im Rekursverfahren gilt dasselbe wie bei der Appellation.

## 6. Rekurs von Dritten

Im Gegensatz zur Appellation können auch Dritte Rekurs erheben, sofern es die Schweizerische ZPO ausdrücklich vorsieht. Die Legitimation Dritter zum Rekurs ist den kantonalen Prozessordnungen, die den Rekurs überhaupt vorsehen, nicht unbekannt. Unabhängig davon, ob den Parteien der Weiterzug gestattet ist, sind Dritte rekursberechtigt, sofern unmittelbar in ihre Rechte eingegriffen wird. Zu denken ist etwa an Besitzer von Urkunden, Sachverständige usw.[9]

---

9 *Spühler/Vock,* Rechtsmittel in Zivilsachen, 47, und die dort aufgeführten weiteren Beispielen.

## V. Beschwerde

Neben der Appellation und dem Rekurs ist die Beschwerde das dritte Rechtsmittel. Die Beschwerde ist *im Verhältnis zur Appellation und zum Rekurs* subsidiär. Es handelt sich um ein fast vollkommenes Rechtsmittel. Die Beschwerde kann nicht mit der bisher in den Kantonen als drittes Rechtsmittel verankerten Nichtigkeitsbeschwerde verglichen werden. Bei letzterer sind nämlich die Anfechtungsgründe enger als bei der nun in der Schweizerischen

Zivilprozessordnung vorgesehenen Beschwerde. V.a. kann mit der hier geordneten Beschwerde *jede Rechtsanwendung,* und nicht, wie bei den kantonalen Nichtigkeitsbeschwerden, bloss eine grob falsche (klares materielles Recht) Rechtsanwendung Rügegrund sein. Die Beschwerde ist also ein wesentlich stärkeres Rechtsmittel, als es die kantonale Nichtigkeitsbeschwerden sind.

Angefochten werden können mit der Beschwerde nur Akte erstinstanzlicher Gerichte, nicht aber solche zweiter Instanz. Dies bildet einen Widerspruch zu Art. 94 Abs. 6 BGG, wonach drei kantonale Instanzen erlaubt werden. Diese Einschränkung des Rechtsmittelschutzes ist aus zürcherischer Sicht bedauerlich und zu bekämpfen. Die Lösung läuft der allgemeinen Tendenz zuwider, das Bundesgericht zu entlasten. Sie bewirkt eine Delegation nach oben und steht mit dem Subsidiaritätsprinzip im Widerspruch.

### 1. Anfechtungsobjekt

Anfechtungsobjekt der Beschwerde sind Entscheide erstinstanzlicher Gerichte, die weder mit Appellation noch mit Rekurs anfechtbar sind. Damit kommt die subsidiäre Stellung der Beschwerde gegenüber der Appellation und dem Rekurs zum Ausdruck. Unter „Entscheide erstinstanzlicher Gerichte" sind alle Sachentscheide sowie alle Prozessentscheide gemeint, welche nicht nur prozessleitender Natur sind. Es handelt sich z.B. um Entscheide, welche ohne materielle Anspruchsprüfung prozesserledigende Wirkung haben, wie z.B. Abschreibungsentscheide infolge Klagerückzug, Anerkennung oder Vergleich.

Neben diesen prozesserledigenden Sach- oder Prozessentscheiden gibt es auch prozessleitende Verfügungen erstinstanzlicher Gerichte, welche Anfechtungsobjekt der Beschwerde sein können. Prozessleitende Entscheide sind solche, die der Fortführung des Verfahrens dienen; sie betreffen z.B. die Auferlegung von Kautionen, das Beweisverfahren oder die einstweilige Beschränkung eines Prozesses auf bestimmte Fragen oder Rechtsbegehren. Nicht alle prozessleitenden Verfügungen, was auch für die soeben aufgezählten gilt, sind jedoch beschwerdefähig. Voraussetzung bildet nämlich, das durch die betreffende prozessleitende Verfügung einer oder beiden Parteien ein nicht wieder gutzumachender Nachteil droht. Liegt kein solcher vor, so ist eine prozessleitende Verfügung nicht mit Beschwerde anfechtbar. Es muss sich nicht notwendigerweise, wie im bisherigen Art. 87 OG, um einen Nachteil lediglich rechtlicher Natur handeln. Der Nachteil kann auch rein tatsächlich oder gemischt rechtlich/tatsächlich sein. Einen nicht wieder gutzumachenden Nachteil stellen beispielsweise die Ablehnung von Beweismassnahmen sowie die richterliche Verweigerung von Schutzmassnahmen im Beweisverfahren dar. In diesen Fällen ist eine Beschwerde möglich.

## 2. Beschwerdegründe

Bei der Rechtsanwendung deckt sich die Regelung mit derjenigen für Appellation und Rekurs, d.h. *jede unrichtige Rechtsanwendung* kann mit Beschwerde gerügt werden. Die Beschwerde geht deshalb weit über eine traditionelle Nichtigkeitsbeschwerde hinaus.

Enger sind die Rügemöglichkeiten bei der Beschwerde im Bereich des Tatsächlichen. Analog zu den kantonalen Nichtigkeitsbeschwerden kann *hier nur eine willkürliche Feststellung des Sachverhalts* gerügt werden. Daneben ist bei der Beschwerde als dritter Rügegrund die Rechtsverzögerung geregelt. Dieser Rügegrund fehlt bei Appellation und Rekurs. Die Möglichkeit, mit der Beschwerde auch eine *Rechtsverzögerung* zu rügen, schliesst auch mit ein, eine teilweise Rechtsverzögerung geltend zu machen. Da Rechtsverzögerung gerügt werden kann, ist dies auch für die qualifizierte Form der Rechtsverzögerung, d.h. die Rechtsverweigerung, möglich, obschon im Wortlaut davon nicht ausdrücklich gesprochen wird. Es fragt sich, ob es sinnvoll ist, Rechtsverzögerung und Rechtsverweigerung in die Beschwerde zu verpacken; diese Rügen gehören naturgemäss eher in eine Aufsichtsbeschwerde. Diese sollte zusätzlich eingeführt werden.

Die Begründungslast für die Beschwerde ist analog zu derjenigen bei Appellation und Rekurs geregelt. Insofern besteht eine Erleichterung gegenüber dem bisherigen kantonalen Recht für die Begründung der Nichtigkeitsbeschwerde, wo durchwegs erhöhte Anforderungen an die Rügepflicht bestehen.

## 3. Verfahren

Die Beschwerde ist direkt bei der Rechtsmittelinstanz einzureichen, wobei Beschwerdeerklärung und Beschwerdebegründung gleichzeitig und zwar schriftlich zu erfolgen haben. Hierfür ist eine *Frist von 20 Tagen* vorgesehen. Diese ist, zum Beispiel im Vergleich zum Rekurs, relativ lang. Es ist aber hierfür anzuführen, dass die *Beschwerde ein fast vollkommenes Rechtsmittel* ist und sich insofern der Appellation annähert und dass sich im Zusammenhang mit der Begründung einer Beschwerde in grösseren Fällen schwierige Rechtsfragen und ein erheblicher Zeitaufwand ergeben können. Zur Begründung der relativ langen Beschwerdefrist lässt sich sodann anführen, dass auch die Nichtigkeitsbeschwerdefrist in den Kantonen bisher grosszügig bemessen ist; so dauert sie im Kanton Zürich beispielsweise 30 Tage.

Bei *Rechtsverzögerung* (vgl. Art. 307 Abs. 1 Ziff. 3) *kann jederzeit Beschwerde* geführt werden.

Es ist ausdrücklich gesagt, dass die *Anschlussbeschwerde unzulässig* ist. Wegen der Nähe der Beschwerde zur Appellation ist dies nicht unproblematisch.

Im Beschwerdeverfahren sind neue Anträge, *neue Tatsachenbehauptungen und Beweisanträge unzulässig.* Dies steht weitgehend im Gegensatz zur Regelung bei der Appellation und beim Rekurs, bei denen aber im Entwurf die Novenregelung zu eng gefasst ist. Diese Lösung entspricht grundsätzlich derjenigen bei vergleichbaren kantonalen Rechtsmitteln. Zulässig sind hingegen aufgrund des beantragten Gesetzeswortlauts neue rechtliche Ausführungen.


# VI. Revision

Die Revision eines rechtskräftigen Sachendentscheides ist in allen kantonalen Zivilprozessordnungen bekannt. Unterschiede bestehen nur mit Bezug auf die Revisionsgründe. Neben den beiden klassischen Revisionsgründen (Einwirkung auf ein Urteil durch strafbare Handlung, nachträgliche unverschuldete Entdeckung neuer erheblicher Tatsachen und Beweismittel) werden in einigen kantonalen Zivilprozessordnungen weitere Revisionsgründe vorgesehen, wie Nichtigkeitstatbestände und zivilrechtliche Unwirksamkeit von Vergleich und Abstandserklärungen.[10]


## 1. Revisionsgründe

Der Entwurf sieht sowohl *die klassischen Revisionsgründe* als auch den *Revisionsgrund der zivilrechtlich unwirksamen Parteierklärung* vor.

---

10 Vgl. dazu *Vogel/Spühler,* Zivilprozessrecht, 13. Kapitel N 96 ff.; *Bühler/Edelmann/Killer,* Kommentar zur aargauischen ZPO, § 344; *Bürgi/Schläpfer/Hotz/Parolari,* Thurgauer Zivilprozessordnung, § 246 Abs. 2b; *Poudret/Haldy/Tappy,* Procédure Civile Vaudoise, 3ème éd., N 3 zu Art. 476.

## 2. Verfahren

Örtlich und sachlich *zuständig* für die Revision ist dasjenige Gericht, welches als letzte Instanz in der Sache selbst geurteilt hat. Es ist somit dasjenige Gericht, welches zuletzt in der Sache entschieden hat. Dieser Art von Revision unterliegen auch rechtskräftige Entscheide in andern als im ordentlichen Verfahren.

Die Revision ist innert drei Monaten einzureichen. Diese Frist entspricht weitgehend dem bisherigen Rechtszustand im Bund und in den Kantonen. Die Revisionsfrist beginnt grundsätzlich ab Entdeckung des Revisionsgrundes bzw. mit Abschluss des Strafverfahrens.

Die absolute Frist für die Verwirkung der Revision ist auf 10 Jahre festgelegt. Vorbehalten bleibt lediglich, dass durch ein Verbrechen auf den Entscheid eingewirkt worden ist. Zu beachten ist, dass es sich dabei um ein Verbrechen im eigentlichen Sinne und nicht, wie in Art. 314 Ziff. 2, um irgendein Strafverfahren handeln muss. Diese Regelung ist strenger als z.B. die bisherige in Art. 141 Abs. 2 OG, wonach die Revision auch im Falle eines blossen Vergehens noch länger als 10 Jahre möglich ist. Dasselbe gilt auch für das bisherige zürcherische Recht. Hier drängt sich ein Überdenken auf.

Das Verfahren ist zweistufig. Zuerst ist nämlich ein Entscheid über das Revisionsgesuch an sich zu treffen.

Erst nach dieser Hürde wird die Begründetheit der Revision behandelt. Bei Begründetheit wird der angefochtene Entscheid samt Kosten- und Entschädigungsfolgen aufgehoben; der Prozess wird dadurch in denjenigen Stand zurückversetzt, in welchem er sich vor dem Endentscheid befunden hat. Die Revisionsinstanz bestimmt in diesem Fall, ob das dem aufgehobenen Entscheid vorausgegangene Verfahren ganz zu wiederholen oder zu ergänzen sei. Wiederhergestellt wird dabei die Rechtshängigkeit der ursprünglich eingeleiteten Klage. Hernach fällt das Gericht im Rahmen der Parteianträge einen neuen Entscheid.

## VII. Erläuterung und Berichtigung

Das bisherige eidgenössische Recht kannte in Art. 145 OG nur die Erläuterung. Verschiedene kantonale Prozessordnungen kennen neben der Erläuterung separat die Berichtigung als mindere Form der Erläuterung. Erläuterung und Berichtigung sind keine eigentlichen Rechtsmittel, da sie nicht der Abänderung sondern *nur* der *Klarstellung von Entscheiden* dienen.

Neben der Erläuterung sieht der Entwurf die Berichtigung vor. Dieser sind Redaktions- und Rechnungsfehler zugänglich. Es muss sich bei der Berichtigung um einen Fehler im Ausdruck und nicht um einen solchen in der Willensbildung handeln. Tatbestand der Berichtigung ist eine falsche Äusserung, währenddessen es bei der Erläuterung eine fehlende oder ungenügende Äusserung ist. Die Berichtigung erfolgt von Amtes wegen. Das heisst aber nicht, dass nicht ein Parteiantrag auf Berichtigung gestellt werden könnte, worauf dann der Entscheid hierüber von Amtes wegen zu erfolgen hat.

## VIII. Würdigung und Kritik

Positiv ist zu vermerken, dass die Rechtsmittelordnung klar und übersichtlich ist. *Zu überdenken* ist das zu enge, der materiellen Wahrheitsfindung abträgliche *Novenrecht;* die Lösung *widerspricht modernem rechtsstaatlichen Gedankengut.* Der *weitgehende obligatorische Verzicht auf eine dritte Instanz widerspricht den Vorgaben des BGG.* Den Kantonen sollte hier eine Gestaltungsfreiheit eingeräumt werden, nicht zuletzt im Interesse der Entlastung des Bundesgerichtes. Ferner ist die Ausgestaltung der Beschwerde als ordentliches Rechtsmittel zu überdenken. Schliesslich gilt es in einer Reihe von Punkten dem *allzu engen gerichtsbürokratischen Geist im Interesse des Rechtssuchenden entgegen zu treten.*

# Materielle Wahrheitsfindung und Erledigungsstrenge – mit kritischen Bemerkungen zur neuen Schweizerischen Zivilprozessordnung

Viktor Rüegg

**Inhalt**

    I.  Erstinstanzliche Beschränkung des Novenrechts . . . . . . . . . . . .  65

   II.  Zum Ungleichgewicht zwischen richterlicher Wahrheitsforschung und dem eingeschränkten Novenrecht der Parteien . . . . . . . . . .  67

  III.  In sich unstimmige Prozess-Sanktionen . . . . . . . . . . . . . . . .  68

  IV.  Zur „Formular-Falle" des Art. 236 . . . . . . . . . . . . . . . . . .  68

   V.  Zur Einheits-Appellationsfrist von 30 Tagen . . . . . . . . . . . . .  69

  VI.  Faktisches Verbot unechter Noven im Appellations- und Rekursverfahren . . . . . . . . . . . . . . . . . . . . . . . . . . . . .  70

 VII.  Mediation fehlt . . . . . . . . . . . . . . . . . . . . . . . . . . . . . .  72

Viktor Rüegg

Das geltende Regime von 26 kantonalen Zivilprozessordnungen vermag nicht gänzlich zu verhindern, dass ich gelegentlich den ebenso beschaulichen wie überschaubaren Raum Innerschweiz in anwaltlicher Mission verlasse – und so zum Beispiel am 30. November 1998 mit einer Werklohn-Forderungsklage vor Zivilgericht Basel-Stadt gelandet bin. Natürlich hatte ich mich zuvor gewissenhaft mit dem baselstädtischen Zivilprozess auseinandergesetzt, dessen formelle Strenge bzw. dessen rigide Eventualmaxime mir noch aus den Studienjahren haften geblieben waren. Mein Mandant – ein nicht gerade auf Rosen gebetteter Bauunternehmer – stieg mit grosser Zuversicht in den Prozess, weil er von der Qualität seiner Bauleistungen und der materiellen Berechtigung seiner restanzlichen Werklohnforderung überzeugt war. Und ich als sein Anwalt empfand eine Art Vorfreude, die Effizienz des vielleicht formstrengsten Zivilprozesses in der Schweiz sozusagen am eigenen Leibe erfahren zu dürfen – zumal ich vier Jahre zuvor im Kanton Luzern als Gesetzesredaktor für den neuen, novenfreundlichen und sehr liberalen Luzerner Zivilprozess verantwortlich gezeichnet hatte. Mein Interesse an der bekannt rigiden Basler-Eventualmaxime steigerte sich noch, als ich im Frühling 1999 in die Expertenkommission für die Erarbeitung einer neuen schweizerischen Zivilprozessordnung berufen wurde. Denn in der Tat sollten dort Diskussionen und Meinungsverschiedenheiten um das Spannungsfeld zwischen den Anliegen nach prozessualer Erledigungsstrenge einerseits und nach materieller Wahrheitsfindung andererseits bald einmal im Vordergrund stehen. Das erstaunt nicht, berühren diese beiden sich widersprechenden Prinzipien doch die Sinn- und Zweckfrage eines jeden Prozesses: Wozu soll ein Zivilprozess eigentlich dienlich sein? Nach Guldener ist das Ziel des Prozesses „Rechtsgewissheit und Rechtsverwirklichung". Dabei legt der Begriff „Rechtsgewissheit" m. E. stärkeres Gewicht auf das zeitliche Moment einer bestehenden Rechtsunsicherheit, der Begriff „Rechtsverwirklichung" auf das materiellrechtliche Moment. Wenn die Rechtsunsicherheit zeitlich und materiell durch Urteil beendet wird, soll dies – ebenfalls nach Guldener – zum „Rechtsfrieden" führen. Mit andern Worten: Das Ziel des Prozesses, der „Rechtsfriede", kann nur erreicht werden, wenn die Rechtsunsicherheit sowohl in zeitlicher Hinsicht wie auch in materieller Hinsicht je für sich stimmig durch Urteilsspruch beendet wird. Erfolgt der Urteilsspruch beispielsweise erst nach zehnjähriger Prozessdauer, ist er trotz materieller Richtigkeit in sich unstimmig, weil das Ziel des „Rechtsfriedens" während einer unzumutbar langen Dauer nicht erreicht worden ist. Erfolgt der Urteilsspruch nach kurzer Prozessdauer, ist aber materiell unrichtig, bleibt er in sich ebenfalls unstimmig, weil das Ziel des „Rechtsfriedens" ohne Berücksichtigung der materiellen Wahrheit kaum erreicht werden kann. Rechtsprechung, die in zeitlicher oder materieller Hinsicht unstimmig ist, vermindert die Akzeptanz des Rechts als erwarteter Ausdruck der Gerechtigkeit. Sie schadet dem Ansehen der Justiz und letztlich auch dem Vertrauen der Rechtsunterworfenen in die Glaubwürdigkeit und Funktionsfähigkeit der staatlichen Institutionen. Für einen zeitgemässen Zivilprozess kann das nur eines heissen: Gerichtsorganisation und Verfahrensrecht haben dafür besorgt zu sein, dass ein Prozess nach Möglichkeit innert zumutbarer Frist beendet *und* materiell richtig entschieden *ist*. Beiden Gesichtspunkten ist bei der Ausgestaltung der Prozess-Regeln gleichviel Gewicht beizumessen. Diesem unerlässlichen Gleichgewicht zwischen zeitlich gebotener Erledigungsstrenge einerseits und materiell gebotener Wahrheitserforschung andererseits kommt der Vorentwurf der Schweizerischen Zivilprozessordnung in verschiedenen Punkten nicht nach. Auf die wichtigsten gehe ich im folgenden ein.

# I. Erstinstanzliche Beschränkung des Novenrechts

Art. 215 sieht für das ordentliche Verfahren vor, dass neue Tatsachen und Beweismittel in Replik und Duplik zulässig sind, später aber nur noch berücksichtigt werden, wenn ihr Vorbringen „auch bei zumutbarer Sorgfalt nicht vorher möglich war" oder sie durch Ausübung des gerichtlichen Fragerechts veranlasst worden sind. Als Variante stellt der Vorentwurf zur Debatte, dass neue Tatsachen verspätet zugelassen werden, wenn sie durch Urkunden sofort beweisbar sind.

Diese zeitliche Beschränkung des Novenrechts in erster Instanz – die ihre analoge Fortsetzung im Rechtsmittelverfahren finden soll – ist unnötig, führt zur Aufblähung der Rechtsschriften der Parteien und zu schwierigen Abgrenzungsstreitigkeiten, presst den Richter in eine die Unparteilichkeit gefährdende Rolle als Hilfesteller und schränkt die Möglichkeiten zur Wahrheitsermittlung ohne stichhaltigen Grund ein.

*Unnötig* ist sie, weil sich die in mehreren kantonalen Prozessordnungen vorhandene und bewährte Alternative anbietet, Noven bis zum Schluss des erstinstanzlichen Beweisverfahrens generell zuzulassen, damit verbundene Mehrkosten aber fix der verursachenden Partei zu überbinden. Die Erfahrung zeigt, dass Noven selten nach Replik/Duplik dem Gericht unterbreitet werden, und falls doch, deren beweisrechtliche Abklärung noch seltener zu erheblichen Prozess-Verzögerungen führt. Insbesondere fallen solche Verzögerungen im Vergleich zu den anderweitig beanspruchten Verfahrenszeiten (Rechtsschriftenwechsel, Aktenstudium des Gerichts, Ansetzen der Hauptverhandlung, Urteilsberatung und – Ausfertigung) kaum ins Gewicht! Erstaunlich ist, dass die gegenteilige Behauptung, wonach die Beschränkung des Novenrechts zu einer spürbaren Verkürzung der Verfahrensdauer führe, auch in der Expertenkommission nicht ansatzweise unter Beweis gestellt werden konnte. Die meisten Kantone führen nämlich keine Statistik über die Dauer ihrer Zivilprozesse – eine der löblichen Ausnahmen ist der Kanton Luzern, der vielleicht bezeichnenderweise Noven bis zum Schluss des Beweisverfahrens zulässt und nicht durch überlange durchschnittliche Verfahrensdauern auffällt ...

Die vorgeschlagene Noven-Beschränkung zwingt den unnötige Risiken aus-
schliessenden Anwalt zur Angabe aller auch bloss möglicherweise relevanten
Tatsachen und Beweise in den ersten beiden Rechtsschriften. So wird etwa die
Anrufung bloss eines Zeugen nicht mehr genügen, da ja dessen Aussagen nicht
voraussehbar sind, sondern aus Vorsichtsgründen die Anrufung gleich aller po-
tentiellen Zeugen nötig sein.

Auf der andern Seite ergeben sich für Richter und Parteien unerwünschte *Ab-
grenzungsprobleme*: Was unter der Wendung „auch bei zumutbarer Sorgfalt nicht
vorher möglich" genau zu verstehen ist, ist nicht ohne weiteres klar und dürfte
wohl von Kanton zu Kanton recht unterschiedlich gehandhabt werden. Unklar
wird insbesondere bleiben, welchen Nachforschungsaufwand eine Prozesspartei
bei Dritten (z.B. Bekannten, Bank, pot. Zeugen etc.) im Vorfeld eines Prozesses
betreiben muss, um Unterlagen oder Informationen in die ersten Rechtsschriften
einbauen zu können bzw. bei späterem Vorbringen nicht den Vorwurf der fehlen-
den Sorgfalt entgegennehmen zu müssen. Diese Abgrenzungsschwierigkeiten,
die bei Zulassung der Noven bis zum Beweisschluss völlig entfallen, werden
noch dadurch erschwert, dass Art. 143 Abs. 1 die Wiederherstellung einer versäumten Frist auch bei „leichtem" Verschulden zulässt. Die Frage drängt sich
auf: Ist bei leichtem Verschulden die zumutbare Sorgfalt nach Art. 215 Abs. 2 lit.
a noch eingehalten oder nicht?

Gemäss Art. 215 Abs. 2 lit. b sollen verspätet vorgebrachte Noven dann zulässig
sein, wenn sie durch Ausübung des *gerichtlichen Fragerechts* veranlasst worden
sind. Art. 51 sieht denn auch vor, dass das Gericht einer Partei durch entsprechende Fragen Gelegenheit zur Klarstellung geben kann, wenn das Vorbringen
unklar, unvollständig, widersprüchlich oder unbestimmt ist. Über den Stellen-
wert des richterlichen Fragerechts oder der richterlichen Fragepflicht im Zivilprozess sind schon ganze Abhandlungen geschrieben worden. Kummer etwa
sieht sie als Synthese zwischen der Bindung des Richters an die Sachbehauptun-
gen der Parteien (Verhandlungsmaxime) und seiner Unabhängigkeit von diesen
Behauptungen, damit die starre ‚formelle' Wahrheit zugunsten der ‚materiellen'
Wahrheit aufgelockert werde. Wesentlich weiter geht Martin Sarbach, indem er
gleich die vollständige Ersetzung der ‚sozialen Untersuchungsmaxime' durch die
richterliche Fragepflicht postuliert. Zwecks Wahrung der auch äusserlich in Er-
scheinung tretenden Unparteilichkeit des Richters plädiere ich für eine zurück-
haltende Ausübung des richterlichen Fragerechts, das ich nur – aber immerhin –
als Pflicht zum Hinweis auf erhebliche tatsächliche und/oder rechtliche Unstim-
migkeiten in der Prozessführung einer Partei verstehe. Auf keinen Fall darf das
richterliche Fragerecht aber, wie im Vorentwurf vorgesehen, sozusagen zum Ve-
hikel für die Nachlieferung verspäteter Noven umgepolt werden: Auf diese Weise
würde diejenige Partei, die von Anfang an unklar, unvollständig oder widersprüchlich prozessiert hat, im Vergleich zur korrekt prozessierenden Gegenpartei

mit der verspäteten Zulassung von Noven nämlich gar noch belohnt! Diese augenscheinlich sinnwidrige Regelung über den prozessualen Einbezug richterlich erfragter Noven lässt sich nur so vermeiden, indem beiden Parteien bis zur richterlichen Befragung anlässlich der Vorbereitungsverhandlung oder Hauptverhandlung – oder noch besser, weil konsequent und klar – bis zum Beweisschluss das Novenrecht zugestanden wird.

Die Novenbeschränkung des Art. 215 schränkt die *materielle Wahrheitsermittlung* ohne jede Not ein: Aus den erstinstanzlich abgenommenen Beweisen (Zeugenbefragungen, Editionen, Expertisen) oder aus der erstinstanzlichen Vorbereitungsverhandlung kann sich die Notwendigkeit ergeben, die bisher vorgetragenen Tatsachen oder Beweise zu ergänzen, um dem Gericht die ganze materielle Wahrheit kundtun zu können. Gerade das schützt das Gericht vor materiellen Fehlurteilen, was im wohlverstandenen Interesse der Justiz liegt. Unsorgfältiges Prozessieren soll nicht mit Rechtsverlust, sondern mit den Mehrkosten sanktioniert werden, zumal das Mass der bei den Prozessparteien vorauszusetzenden Sorgfalt je nach Einzelfall verschieden ist (Laie, Rechts- und Sprachkunde, Anwaltsvertretung etc.). Die mit später vorgetragenen Noven verursachte Verfahrensverzögerung ist vergleichsweise minim; ein auf vollständiger Tatsachenermittlung basierendes Urteil ist überzeugender und weniger rechtsmittelgefährdet als ein übers Knie gebrochenes Erledigungs-Urteil.

## II.  Zum Ungleichgewicht zwischen richterlicher Wahrheitsforschung und dem eingeschränkten Novenrecht der Parteien

Der Vorentwurf räumt dem Richter unter zivilprozessualen Gesichtspunkten recht grosse Kompetenzen zwecks eigener Wahrheitserforschung ein: So im bereits erwähnten richterlichen Fragerecht des Art. 51, dann aber auch in Art. 61, wo der Richter eine Partei, die ihre Streitigkeit nicht selber zu führen vermag, zur Beauftragung eines Vertreters auffordern oder sich für sie gar an die Vormundschaftsbehörde wenden kann. Dem offensichtlichen Bedürfnis nach Wahrheitserforschung wird etwa auch in Art. 45 Abs. 2 Rechnung getragen, indem notfalls auf nicht wiederholbare Beweismassnahmen abgestellt wird, selbst wenn sie unter Verletzung von Ausstandsvorschriften zustande gekommen sind. Gegen all diese Regelungen zugunsten der bestmöglichen Ermittlung der materiellen Wahrheit ist nichts einzuwenden. Sie stehen aber in einem nicht begründbaren Widerspruch zur Novenbeschränkung vor erster (und zweiter) Instanz, die eindeutig und schwergewichtig zulasten der materiellen Wahrheit geht. Es ist unsinnig, einerseits den Richter zur Wahrheitserforschung anzuhalten und anderseits einer minim säumigen Partei eigene Beiträge zur Wahrheitsermittlung zu versagen.

## III. In sich unstimmige Prozess-Sanktionen

Sofern die Noven-Strenge des Vorentwurfs auf Prozessparteien ‚disziplinierend‘ und ‚erzieherisch‘ wirken soll, ist ihm innere Unstimmigkeit und fehlende Konsequenz anzukreiden: Während fehlende Sorgfalt auf dem Gebiet des Novenrechts auch für Laien zum totalen Rechtsverlust führt, erlaubt es Art. 200 Abs. 2 dem Prozessbeklagten ohne irgendwelche Sanktion, unentschuldigt dem Vermittlungsversuch fernzubleiben. Und weshalb Art. 212 dem Prozessbeklagten bei versäumter Klageantwort eine kurze Nachfrist einräumt, diese Nachsicht der säumigen replizierenden oder duplizierenden Partei oder dem säumigen Noven-Eingeber aber nicht gewährt wird, ist nicht einzusehen. Auch die mögliche Wiederherstellung einer versäumten Frist bei leichtem Verschulden (Art. 143) kontrastiert augenfällig zur kritisierten Sanktionsstrenge bei verspäteten Noven.

Zu erklären sind die humaneren Sanktionen wohl damit, dass sie heute schon zum Allgemeingut der meisten kantonalen Prozessordnungen gehören und mit guten Gründen vom Idealbild einer fehlerfreien Prozesspartei Abstand nehmen.


## IV. Zur „Formular-Falle“ des Art. 236

Für die im vereinfachten Verfahren zu führenden Prozesse (z.B. Miet- und Pacht-, Arbeitsrechts-, Unterhaltsstreitigkeiten zwischen Kinder und Eltern, *insbesondere aber alle Prozesse mit einem Streitwert bis Fr. 20000.–)* stellt der Bundesrat gemäss Art. 236 für Klage und Klageantwort „Formulare“ zur Verfügung, die so zu gestalten sind, dass sie auch „von einer rechtsunkundigen Partei ohne weiteres ausgefüllt werden können“. Damit trägt der Vorentwurf dem Wunsch breiter Bevölkerungskreise mit Recht Rechnung, den Prozess – oft auch aus Kostengründen – selber bzw. ohne Anwaltsvertretung zu führen. Das Verfahren ist demnach so auszugestalten, dass daraus kein faktischer Anwaltszwang resultiert (s. Vogel, Menschenbild, Freiburg, S. 523; Guldener, Schweizerisches Zivilprozessrecht, 1979, S. 414).

Die ‚Einladung‘ des Gesetzgebers zum Prozessieren ohne Anwalt, die ich als Anwalt ausdrücklich begrüsse, wirkt sich allerdings in Verbindung mit dem vorher kritisierten eingeschränkten Novenrecht vor erster Instanz und dem nachfolgend ebenso kritisierten Novenrecht vor zweiter Instanz (s. Art. 215 und 241 i.V. mit Art. 297 und 310) als bedenkliche Prozessfalle aus: Wer als Laie erst nach der Hauptverhandlung oder erst gar nach Zustellung des erstinstanzlichen Urteils realisiert, dass er bestimmte Tatsachen oder Beweisanträge hätte vortragen müssen, kann dies nicht mehr nachholen und ist rettungslos verloren. Wegen der unglückseligen Novenbeschränkung kann weder der Laie selber noch ein später beigezogener Anwalt das Versäumnis korrigieren! Diese stossende Rechtsfolge wird durch den Umstand, dass für die meisten vereinfachten Prozesse die sog. Offizialmaxime gilt, nur unwesentlich gemildert: Gemäss herrschender Lehre und Praxis entbindet auch die Offizialmaxime die Parteien nicht vor dem rechtzeitigen Vortragen der anspruchsbegründenden Tatsachen. Und ausserdem gilt die Offizialmaxime für die „übrigen vermögensrechtlichen Streitigkeiten bis zu einem Streitwert von 20 000 Franken", die nach Art. 237 lit. g alle im vereinfachten Verfahren zu führen sind, gerade nicht.

Die für sich sprechende Quintessenz aus diesem gesetzestechnischen Missgriff besteht darin, dass allen Rechtsuchenden vom Prozessieren ohne Anwalt generell abgeraten werden müsste!

# V. Zur Einheits-Appellationsfrist von 30 Tagen

Art. 292 stipuliert – als Variante 1 – eine Einheits-Appellations- und -Antwortfrist von 30 Tagen zur Einreichung der schriftlichen und begründeten Appellation. Diese Einheitsfrist ist längstens überholt: Sie wird den höchst unterschiedlichen Anforderungen an die Begründung einer Appellation, die unrichtige Rechtsanwendung und Sachverhaltsfeststellung zum Gegenstand haben kann, nicht ansatzweise gerecht. Sie ist in ganz einfachen Fällen zu lange, in komplizierten hingegen klar zu kurz. Sie setzt die Prozessparteien (oder ihre Anwälte) unter einen Zeitdruck, der auf die Sorgfalt der Appellationsschriften negative Auswirkungen haben kann. Weiteren Zeitdruck setzt die vorerwähnte strenge Novenregelung den Parteien bzw. ihren Anwälten auf. Diese Erhöhung der Anforderungen steht in unverträglichem Widerspruch zur notorischen Tatsache, dass Sachverhalte und Rechtsfragen der Streitigkeiten – auch nach Auffassung der Gerichte – immer komplexer werden. Und sie widersprechen last but not least dem vielsagenden Umstand, dass den Gerichten für die Beurteilung der Prozesse weder Fristen gesetzt werden noch bei ‚Säumnis‘ irgendwelche Sanktionen drohen. Wenn schon Druck aufgesetzt werden soll, dann bitte schön gleichmässig! Zur Ehrenrettung der Expertenkommission sei darauf hingewiesen, dass Variante 2 der Art. 292/293 eine praktikable und bewährte Appellationsfrist-Regelung nach Einzelfall-Bedarf vorschlägt, die überdies den Vorteil aufweist, dass nach Eingang der blossen Appellationserklärung Parteien nochmals Vergleichsverhandlungen aufnehmen können, ohne zuvor eine Appellationsbegründung ausfertigen zu müssen.

## VI. Faktisches Verbot unechter Noven im Appellations- und Rekursverfahren

Die Art. 297 und 306 ziehen die erstinstanzliche Novenbeschränkung in aller Strenge auch im Appellations- und Rekursverfahren durch; Ausnahmen sind nur in Verfahren betreffend Kinderbelange vorgesehen (Art. 297 Abs. 2). Damit fällt der Vorentwurf nicht nur hinter die liberale zweitinstanzliche Novenregelung vieler Kantone zurück – ich verweise auf AR, GL, LU, TG, SO und VS – , sondern auch hinter das vom Bundesgesetzgeber erst im Juni 1998 für das ganze Scheidungsverfahren (also inkl. güterrechtliche Auseinandersetzung!) verabschiedete liberale Novenrecht, das vor den oberen kantonalen Instanzen ausdrücklich neue Tatsachen, Beweismittel und Rechtsbegehren zulässt (s. Art. 138 ZGB). M. E. verkennt der Vorentwurf die rechtspolitische Aufgabe einer oberen kantonalen Instanz, die ja nicht mit dem Bundesgericht zu verwechseln ist, grundsätzlich: Es geht in der oberen kantonalen Instanz weit weniger um eine auf Fehler beschränkte Überprüfung des erstinstanzlichen Urteils, sondern vielmehr um das Erreichen einer einheitlichen kantonalen Rechtsprechung und um die Wahrung der Möglichkeit der Parteien, die erstinstanzlich beurteilte ‚Teil-Wahrheit' gegebenenfalls durch ergänzende Tatsachen und Beweisanträge zur vollen ‚Wahrheit' zu komplettieren. Dies wird dann verhindert, wenn zweitinstanzlich – wie im Vorentwurf – nur echte Noven zugelassen, alle andern nachträglichen Vorbringen aber ausgeschlossen werden. ZPO-Guru Guldener lehrte schon vor Jahrzehnten, „dass es selbst die vigilante Partei versäumen kann, sämtliche Angriffs- und Verteidigungsmittel auf einmal vorzubringen" und es nicht selten vorkommt, „dass eine Partei erst durch die Stellungnahme des Gegners oder die Urteilsbegründung des Gerichts auf Lücken in ihren eigenen Ausführungen aufmerksam gemacht wird". Ein für ordentliche Rechtsmittel inhaltlich unbeschränktes Novenrecht vor zweiter Instanz ist deshalb die unabdingbare Konsequenz der Erkenntnis, dass dem Richter die Erforschung der materiellen Wahrheit zwar vielfach nicht möglich ist, er aber als Wahrer des Rechts trotzdem immerfort danach trachten muss, ein der wirklichen Sachlage entsprechendes Urteil zu fällen (s. Walder, Zivilprozessrecht, 4. Aufl., S. 213).

Eine restriktive Noven-Regelung führt zwingend zu einer Vielzahl von Urteilen, die der materiellen Wahrheit diametral widersprechen. Die in der Expertenkommission für die m.E. justizfeindliche Noven-Regelung angeführte Rechtfertigung, dass die fehlerhaft handelnde (oft rechtsunkundige) Prozesspartei selber „schuld" sei und etwa analoge Konsequenzen zu tragen habe wie jemand, der als Laie eine Krankheit ohne Arzt-Beizug selber heilen wolle, verfängt aus zwei Gründen nicht:

–   Der Rechtsuchende wird in der direktdemokratischen, bürgernahen Schweiz mit Formularen förmlich ermuntert, in vielen Fällen ohne Anwalt zu prozessieren. Dies entspricht auch einer nach wie vor gelebten Rechtstradition, insbesondere auf den Gebieten des Familien- und des Arbeitsrechts.

– Auch der Vergleich mit dem Arztbeizug hinkt: Wenn eine kranke Person nach einigen Tagen erkennt, dass mit Laienkunst die Krankheit nicht besiegt werden kann, stehen ihr der Gang zum Arzt und die Heilung gleichwohl offen. Wenn demgegenüber die rechtsunkundige Partei erkennt, dass sie das erstinstanzliche Verfahren wegen eines Fehlers verloren hat, kann ihr gemäss Vorentwurf weder ein Anwaltsbeizug noch ein Rechtsmittel mit Noveneingabe helfen.

Meiner Auffassung nach erfordert die materielle Gerechtigkeit, die mindestens gleich hoch zu gewichten ist wie die Erledigungsstrenge, die auf Appellations- und Rekursschriften eingegrenzte Zulassung zweitinstanzlicher Noven. Einer übermässigen Beanspruchung dieses Rechts bzw. der Prozessströlerei kann mühelos dadurch begegnet werden, dass dem Verursacher konsequent die Mehrkosten überbunden werden. Auch aus der Optik der Rechtsvergleichung ist nicht einzusehen, weshalb im Strafprozess und im Verwaltungsverfahren Noven vor zweiter Instanz generell zugelassen, im Zivilprozess hingegen ausgeschlossen sein sollen.

Die Zulassung von Noven ist vor allem auch im Rekursverfahren, das an die schnellen Summarverfahren anschliesst, unabdingbar: Summarverfahren starten regelmässig ohne ‚Vorwarnung‘ im Sinne eines Vermittlungsversuchs vor dem Friedensrichter und beschränkten sich oft auf einen einzigen Rechtsschriftenwechsel *ohne Gerichtsverhandlung*. Und dennoch haben viele Summar-Entscheide eben nicht nur vorübergehende, sondern länger andauernde und schwergewichtige Auswirkungen. Ein einziger Fehler einer – vielleicht ohne Anwalt auftretenden – Partei wie etwa das Unterlassen eines Beweisantrages – und das Summarverfahren soll rettungslos verloren sein? Hierzu zwei Beispiele aus der Praxis:

a) Im unter der Verhandlungsmaxime stehenden Eheschutzverfahren zwischen einem kinderlosen Ehepaar gibt der anwaltlich nicht vertretene Ehemann aus Scham dem erstinstanzlichen Richter nicht an, dass er für sein ausserehelliches Kind – von dem der Richter und die Ehefrau nichts wissen – monatlich Fr. 500.– bezahle. Der Richter setzt ihn zur Erfüllung der Unterhaltpflicht auf den Notbedarf. Der nun beigezogene Anwalt kann ihm nicht mehr helfen, da der Ehemann erstinstanzlich die zumutbare Sorgfalt nicht aufgebracht hat … Aus demselben Grund ist auch eine Revision des Entscheides ausgeschlossen.

b) Ein Privater verlangt bei einem Medienunternehmen eine Gegendarstellung einer objektiv unwahren, persönlichkeitsverletzenden Darstellung. Das Medienunternehmen verweigert die Gegendarstellung. Der Private ruft den Summar-Richter nach Art. 28 l ZGB an, der die Klage – nach beidseitiger Einräumung des rechtlichen Gehörs – ohne Verhandlung abweist, weil das

Medien-Unternehmen behauptet, es sei nicht passivlegitimiert. Der beigezogene Anwalt findet heraus, dass die Passivlegitimation des beklagten Medienunternehmens aber tatsächlich gegeben und vor zweiter Instanz auch zu beweisen wäre – doch wird er am Novenverbot scheitern; denn der Kläger ist der zumutbaren Sorgfalt nicht nachgekommen …

Die fehlende Korrekturmöglichkeit eines im Summarverfahren ergangenen Entscheides wirkt sich bei Gesuchen um schnellen Rechtsschutz nach Art. 266/267 noch viel verheerender aus, weil einem derartigen Sachentscheid hinsichtlich der Rechtskraft die gleiche Wirkung zukommt wie einem Entscheid im ordentlichen Verfahren. Also auch hier: Eine einzige rechtstechnische Säumnis einer Prozesspartei – und ihr (materiell nachweisbarer) Rechtsanspruch ist unwiederbringlich verloren! Ich hoffe nicht, dass solche materiellen „Urteils-Ausreisser" zum zukünftigen Markenzeichen einer schweizerischen Zivilprozessordnung oder gar der Schweizer Justiz werden.

## VII. Mediation fehlt

Das im Vorentwurf erkennbare Bestreben, die Verfahren zu beschleunigen und die Justiz zu entlasten, ist unstrittig. Eine wesentliche Beschleunigung kann durch eine unnachgiebige Prozessleitung des Richters erreicht werden, der bei der Ansetzung von Fristen und Terminen sowie beim Zeitbedarf für die Urteilsfällung die entscheidenden Schwerpunkte setzen kann und auch muss. Um bei der Prozessleitung am Ball bleiben zu können, sind wohl in vielen Kantonen die Richterstellen aufzustocken und die Richter einer strengen Fall-Kontrolle zu unterstellen.

Entlastung findet die Justiz sodann nicht durch image-schädigende Novenverbote, sondern weitaus mehr durch die überfällige Förderung der insbesondere in den USA seit Jahrzehnten weit verbreiteten und erfolgreichen *Mediation*. Obwohl in der Expertenkommission entsprechende Anträge gestellt wurden, findet sich im Vorentwurf kein Hinweis auf die Möglichkeiten einer mediativen Streiterledigung. Als Mindest-Regelung wäre zu fordern, dass die Parteien im Vermittlungsverfahren zwischen Schlichtungsbehörde und Mediator frei wählen können, wobei in beiden Fällen bei gescheiterter Einigung die Klagebewilligung ausgestellt würde. Vom Medationsverfahren hätte die Expertenkommission sodann in Erfahrung bringen können, dass möglichst befriedigende Streiterledigung weniger auf dem Boden formeller Erledigungsstrenge entsteht als vielmehr auf der Basis optimierten Einbringens unterschiedlicher Positionen und Eigenverantwortlichkeit der betroffenen Parteien.

Und nun werden Sie sich fragen, weshalb ich Sie eingangs meines Referates mit meinem Werklohn-Prozess vor Zivilgericht Basel-Stadt gelangweilt habe oder wie dieser Prozess wohl ausgegangen sein mag. Nach Einreichung des Klageschrift vom 30.11.1998 war der doppelte Rechtsschriftenwechsel vor erster Instanz im Dezember 2000, also zwei Jahre später (!), beendet; mehr als ein weiteres Jahr später lud die erstinstanzliche Instruktionsrichterin die Parteien auf den 22. April 2002 zu einer Vermittlungsverhandlung ein. Sechs Tage vor der Vermittlungsverhandlung wurde über meinen Mandanten der Konkurs eröffnet – und fast gleichzeitig wurde in der ZPO-Expertenkommission grossmehrheitlich doziert, dass eine strenge Eventualmaxime bzw. ein stark eingeschränktes Novenrecht zur Prozess-Beschleunigung unerlässlich seien ...

# LugÜ 50 – wichtige Neuheit: Vollstreckbare öffentliche Urkunde ohne SchKG-Einleitungsverfahren

## Öffentliche Urkunden als Vollstreckungstitel – Herausforderung und Chance für Anwaltschaft und Vollstreckungsbehörden

### Karl Spühler

**Inhalt**

|  |  |  |
|---|---|---|
| I. | Ausgangspunkt: Art. 50 LugÜ, Art. 57 EuGVO | 76 |
| II. | Umsetzung im nationalen Recht | 76 |
| III. | Vor- und Nachteile | 77 |
| IV. | Die Regelung im Einzelnen | 77 |
| | 1. Geltungsbereich | 77 |
| | 2. Voraussetzungen einer vollstreckbaren öffentlichen Urkunde | 78 |
| V. | Vollstreckungsklausel | 78 |
| VI. | Richterliche Vollstreckungsbewilligung | 79 |
| VII. | Einredemöglichkeiten der verpflichteten Partei | 79 |
| VIII. | Würdigung des neuen Rechtsinstituts | 80 |

## I. Ausgangspunkt: Art. 50 LugÜ, Art. 57 EuGVO

Die öffentliche Urkunde als Vollstreckungstitel wurde mit Art. Art. 50 LugÜ eingeführt. Sie ist für die LugÜ-Mitgliedstaaten, die nicht zur EU gehören, weiterhin massgebend. Für die EU-Staaten gilt demgegenüber nunmehr Art. 57 EuGVO. In beiden Bestimmungen wird übereinstimmend geordnet, öffentliche Urkunden, die in einem Mitgliedstaat aufgenommen und vollstreckbar sind, würden in einem anderen Mitgliedstaat auf Antrag für vollstreckbar erklärt. Diese internationale Ordnung gilt bei Vorliegen entsprechender internationaler Sachverhalte weiter.


## II. Umsetzung im nationalen Recht

Der Entwurf zur neuen Schweizerischen Zivilprozessordnung (ZPO) enthält acht Artikel über die Vollstreckung öffentlicher Urkunden (einstweilen Art. 337 bis Art. 343). Die Schweiz vollzieht damit nach, was im europäischen Rechtsraum weit verbreitet ist. Gesetzliche Grundlagen für öffentliche vollstreckbare Urkunden bestehen in Deutschland, Frankreich, Schottland, Italien, Österreich, Spanien, Portugal, Griechenland, Belgien, Luxemburg und in den Niederlanden. Allerdings ist das Rechtsinstitut in den einzelnen Staaten unterschiedlich ausgestaltet. Bezeichnend ist, dass weder das LugÜ noch die EuGVO eine Definition über die öffentliche Urkunde enthalten. Damit hat der schweizerische Gesetzgeber für die Ausgestaltung der öffentlichen Urkunde einen relativ grossen legislatorischen Spielraum.

Kropholler (Europäisches Zivilprozessrecht, 7. A., Heidelberg 2002) führt in N 3 zu Art. 57 EuGVO aus, die Beurkundung müsse von einer Behörde oder Amtsperson vorgenommen worden sein; sie müsse sich ferner auf den Inhalt beziehen, und im Ausstellungsstaat vollstreckbar sein. Diesen Anforderungen wird das schweizerische Recht gerecht. Es kann auch gesagt werden, die vollstreckbare öffentliche Urkunde könne umschrieben werden als öffentlich beurkundete Willenserklärung einer Person, sich für eine bestimmte anerkannte Schuld der direkten Vollstreckung zu unterziehen.

Nach dem Vorentwurf zur neuen schweizerischen ZPO bedeutet die Einführung der öffentlichen Vollstreckungsurkunde in derselben Folgendes:
– Die berechtigte Person kann gestützt auf die vollstreckbare Ausfertigung der Urkunde unmittelbar ein Vollstreckungsgesuch stellen. Sie muss zuvor keinen Zivilprozess anstrengen und kein Urteil erwirken. Die Urkunde ersetzt Zivilprozess und Zivilurteil.
– Bei Geldleistungen kann beim schweizerischen System der öffentlichen Urkunde das betreibungsrechtliche Einleitungsverfahren übersprungen werden.

## III. Vor- und Nachteile

Für den innerstaatlichen Rechtsverkehr bringt die vollstreckbare öffentliche Urkunde nach der vorgeschlagenen Ordnung erhebliche Vorteile. Das Vollstreckungsverfahren wird, vor allem bei Geldforderungen, vereinfacht und führt damit zur Entlastung der Gerichte. Der Nachteil des schweizerischen Systems beruht allerdings in Art. 340 Abs. 1 des Entwurfes. Um die vollstreckungsrechtlichen Vorteile der Urkunde nutzbar zu machen, muss die berechtigte Partei gestützt auf die Urkunde mit Vollstreckungsklausel beim Vollstreckungsgericht zuerst ein Vollstreckungsgesuch stellen. Dazu ist das summarische Verfahren anwendbar. Es stellt sich ernstlich die Frage, ob auf diesen zusätzlichen Schritt nicht verzichtet werden könnte. Es ist nämlich darauf hinzuweisen, dass gemäss Art. 339 Abs. 1 des Entwurfes zur ZPO schon die Urkundsperson bei der Ausfertigung der Urkunde mit Vollstreckungsklausel prüfen muss, ob nicht die Voraussetzungen der Vollstreckbarkeit offensichtlich fehlen bzw. ob nicht allenfalls andere Gründe vorliegen, welche die Vollstreckung offensichtlich ausschliessen würden. Es ist zu bedenken, dass die Streichung von Art. 340 des Entwurfes, das heisst des zusätzlichen summarischen Vollstreckungsverfahrens dem Institut der öffentlichen Urkunde sehr förderlich sein könnte.

## IV. Die Regelung im Einzelnen

### 1. Geltungsbereich

Der Geltungsbereich ist sachlich umfassend. Die öffentliche Urkunde kann grundsätzlich jede Art von Leistung zum Gegenstand haben: Geldleistungen (einmalige oder wiederkehrende), Sachleistungen (z. B. Lieferung beweglicher Sachen), Abgabe von Willenserklärungen (z. B. Grundbuchanmeldung, Ausübung von Optionen usw.) sowie auch Duldungen und Unterlassungen.

Aus sozialen Gründen werden hingegen gewisse Ausnahmen vorgesehen, in denen die vollstreckbare öffentliche Urkunde keine Anwendung findet. Es soll eine Überrumpelung der sozial schwächeren Partei vermieden werden. Es handelt sich dabei um Forderungen im Zusammenhang mit Miet- und Pachtverträgen von Wohn- und Geschäftsräumen, um Leistungen im Zusammenhang mit Arbeitsverträgen sowie um Ansprüche aus dem Gleichstellungs- und dem Datenschutzgesetz. Die Ausnahme gilt sodann auch für Ansprüche aus Konsumentenverträgen.

## 2. Voraussetzungen einer vollstreckbaren öffentlichen Urkunde

Die Voraussetzungen einer vollstreckbaren öffentlichen Urkunde sind im Entwurf in Art. 338 vorgesehen. Es sind fünf Voraussetzungen einzuhalten:
- Die Leistung in der Urkunde selbst muss genügend bestimmt sein:
  Das bedeutet, dass bei einer Geldleistung die Leistung entweder ziffernmässig festgestellt wird oder zweifelsfrei berechnet werden kann. Die Angabe oder wenigstens die Bestimmbarkeit einer Geldsumme kann auch in fremder Währung erfolgen. In der Urkunde selbst können auch Befristungen und Bedingungen enthalten sein.
- Die geschuldete Leistung muss fällig sein.
- Die Urkunde muss in Bezug auf die geschuldete Leistung eine klare Schuldanerkennung enthalten.
- Der Rechtsgrund muss in der Urkunde selbst erwähnt sein:
  Das bedeutet aber nicht, dass das ganze Verpflichtungsgeschäft öffentlich beurkundet und in der vollstreckbaren Urkunde selbst vollumfänglich wiedergegeben werden müsste.
- Die Urkunde muss eine sog. Unterwerfungserklärung des Schuldners der Leistung enthalten:
  Das bedeutet, dass die verpflichtete Partei ausdrücklich erklären muss, sie anerkenne die unmittelbare Vollstreckung.

## V. Vollstreckungsklausel

Die öffentlich vollstreckbare Urkunde muss eine sog. Vollstreckungsklausel enthalten. Diese ist auf Antrag der berechtigten Partei von der Urkundsperson auszustellen. Das kann durch Zusatz in eine bereits bestehende öffentliche Urkunde oder gleichzeitig mit deren Errichtung erfolgen. Zu eng erscheint die Regelung, diejenige Urkundsperson, welche die öffentliche Urkunde abgefasst habe, stelle der berechtigten Partei eine Vollstreckungsklausel aus. Hiefür sollte jede Urkundsperson zuständig sein. Darnach rufen ein freier Rechtsverkehr und die praktischen Bedürfnisse.

Bei der Ausstellung der Vollstreckungsklausel hat die Urkundsperson eine gewisse Prüfungspflicht. Es kann dabei nicht gesagt werden, es stehe ihr keinerlei richterliche Funktion zu; sie hat eine ähnliche Stellung wie ein Gericht bei der Ausübung der freiwilligen Gerichtsbarkeit. Die Urkundsperson darf die Vollstreckungsklausel nicht ausüben, wenn die Voraussetzungen der

Vollstreckbarkeit offensichtlich fehlen oder andere Gründe vorliegen, welche die Vollstreckung offensichtlich ausschliessen. Gegen die Weigerung der Urkundsperson, eine vollstreckbare Ausfertigung zu erstellen, sieht der Entwurf der ZPO kein Rechtsmittel vor. Dasselbe gilt auch umgekehrt, das heisst auch der Schuldner hat kein Rechtsmittel kraft eidgenössischen Rechtes gegen die Ausstellung der Vollstreckungsklausel. Denkbar, sogar nötig erscheint hier, dass die Kantone tätig werden und eine Beschwerde vorsehen.

## VI. Richterliche Vollstreckungsbewilligung

In Art. 340 des Entwurfes zur ZPO ist vorgesehen, dass eine öffentliche Urkunde mit Vollstreckungsklausel noch keinen Vollstreckungstitel darstellt. Es bedarf dazu eines eigentlichen richterlichen Verfahrens. Dieses findet im allgemeinen summarischen Verfahren statt. Dieses Verfahren verläuft gleich wie dasjenige bei der Vollstreckung eines Urteils. Der Gläubiger hat die Voraussetzungen der Vollstreckbarkeit zu beweisen, und der Schuldner hat das Recht auf Stellungnahme. Bei Bedarf können sichernde Massnahmen erlassen werden. Der Entscheid des Vollstreckungsgerichtes obliegt dem Rekurs. Wird der Gläubiger in diesem Summarverfahren auf Vollstreckung abgewiesen, so hat er den Weg des ordentlichen Zivilprozesses zu beschreiten.

Wie schon dargelegt, stellt sich die Frage, ob nicht auf das Verfahren gemäss Art. 340 des Entwurfes verzichtet werden sollte. Dieses ist ein bürokratischer, zeitlich allenfalls aufwändiger Umweg. Allenfalls sind der Urkundsperson bei der Ausstellung der Vollstreckungsklausel vermehrte Prüfungsbefugnisse zu erteilen.

Ein Spezialfall liegt vor, wenn sich die vollstreckbare öffentliche Urkunde auf eine Willenserklärung bezieht. Diese wird durch den rechtskräftigen Entscheid des Vollstreckungsgerichtes ersetzt. Aus diesem Grund hat das Vollstreckungsgericht auch die allenfalls erforderlichen Anweisungen zu erteilen, z.B. an Registerstellen wie das Handelsregisteramt usw.

## VII. Einredemöglichkeiten der verpflichteten Partei

Eine verpflichtete Partei kann erstens einmal im Vollstreckungsverfahren selbst die dort vorgesehenen Einwendungen erheben. Ihr stehen vor allem die Einreden gemäss Art. 330 des Entwurfes der neuen ZPO zur Verfügung. Sie kann einwenden, die Voraussetzungen der Vollstreckbarkeit seien nicht gegeben oder seit Eröffnung des Entscheides seien Tatsachen eingetreten, wie Erfüllung, Stundung, Verjährung oder Verwirkung der geschuldeten Leistung.

Sodann hat die aus einer öffentlichen Urkunde verpflichtete Partei die Möglichkeit, eine gerichtliche Beurteilung zu erwirken. So kann die verpflichtete Partei eine negative Feststellung erwirken (allenfalls bei einer Geldforderung gestützt auf Art. 85a SchKG). Ist die Vollstreckung erfolgt, ist auch eine Rückforderungsklage möglich (Art. 62 ff. OR, Art. 86 SchKG).

## VIII. Würdigung des neuen Rechtsinstituts

Die vollstreckbare öffentliche Urkunde ist positiv zu bewerten. Sie wird Vereinfachungen bringen, vor allem bei Geldforderungen wird sie das betreibungsrechtliche Einleitungsverfahren ersparen. Anderseits ist sie gemäss der heute vorliegenden Fassung etwas zu kompliziert geregelt. Das Verfahren auf Vollstreckungsbewilligung vor dem Summarrichter sollte fallen gelassen werden; allenfalls sollten deshalb die Prüfungspflichten des Urkundsbeamten etwas erweitert werden.

Für die Anwaltschaft gilt es, das neue Institut zweckentsprechend zu nutzen. Schon heute können Verträge im Hinblick auf das neue Recht geschlossen werden, zumal wenn diese mehrjährige oder sogar dauernde Verträge sind und periodische Leistungen enthalten. Derartige Verträge können nach Inkrafttreten des neuen Rechtes dann entsprechend ergänzt und leichthin vollstreckbar erklärt werden.

# Autorenverzeichnis

**Annette Dolge**, Dr. iur., Rechtsanwältin
ist seit 1990 in verschiedenen Funktionen in der Schaffhauser Justiz tätig. Seit dem Jahr 2000 amtet sie als Kantonsrichterin. Mit ihrer Dissertation «Der Zivilprozess im Kanton Schaffhausen im erstinstanzlichen ordentlichen Verfahren» schuf sie ein grundlegendes Werk zum Schaffhauser Zivilprozessrecht.

**Sylvia Frei**, lic. iur., Rechtsanwältin
ist als Rechtsanwältin in Winterthur tätig und amtet als ordentliche nebenamtliche Richterin am Kassationsgericht des Kantons Zürich.

**Peter Karlen**, Dr. iur., Bundesrichter
ist seit Oktober 2001 Mitglied des Kassationshofs des Schweizerischen Bundesgerichtes. Sein besonderes Interesse gilt den sich im Zusammenhang mit der Reform der Bundesrechtspflege stellenden Fragen.

**Viktor Rüegg**, lic. iur., Rechtsanwalt, Mediator und Notar
ist in der Advokatur tätig und gehört der Expertenkommission für die Schweizerische Zivilprozessordnung an. Er ist Redaktor der Luzerner Zivilprozessordnung vom 27. Juni 1994 und Co-Autor der Kommentare «Der Luzerner Zivilprozess» und «Ergänzungen zum Luzerner Zivilprozess».

**Karl Spühler**, em. Prof., Dr. iur., Rechtsanwalt, ehem. Bundesrichter, Kassationsrichter am Kassationsgericht des Kantons Zürich
ist als Rechtsanwalt in Zürich tätig. Er ist Mitglied der Expertenkommission für die schweizerische Zivilprozessordnung.